早期教育に惑わされない！

子どものサバイバル英語勉強術

関 正生 Seki Masao

NHK出版新書
694

早期教育に惑わされない！　子どものサバイバル英語勉強術　目次

序章　小学生に異変が起きている

「3歳までにネイティブ英語のシャワーを浴びせよう」といったことを耳にすることも多いでしょう。

こういうことを聞くたびに、僕としては「いやいや、そんな貴重な時期には〝保護者の声〟をたくさん聞かせてあげてよ!」と思います。「英語だけ」を考えれば賛成ですが、言うまでもなく人生には英語より大切なことが数えきれないほどあります。

これから色々なことをお伝えしていきますが、本書の根底には、この「誰だか知らない英語ネイティブの声より、保護者の声を聞いて育ったほうが幸せになれる」という考えが常にあります。ですから、この本は「子どものうちにしかできない英語の勉強」だとか「10歳までが勝負」といった内容を書いたものではありません。英語の話をしつつも、常に「英語以外」を念頭に置いています。

何十年も前から「子どものうちは言語の吸収が速いから」という理由で早期英語教育が勧められていますが、「言語の吸収が速い」のは日本語にも当てはまります。であるならば、子どものうちは日本語力を鍛えるのにも重要な時期であることは間違いありません。「なぜその時期に英語をやるのか?」「やるのならどれくらいがいいのか?」を保護者の立場から考える必要があります。「早く始めるほうが有利」というのはいくつかの点で正しいのですが、早く始めることにより「必ず失うもの（できなくなるもの）」もあることを認識しておく必要があります。

間違っても、人生の最終目標が「英語力をつけること」ではないわけで、最終的には楽しくハッピーに生きていくために英語があるわけです。「3歳までに英語のシャワーを浴びて、英語の絵本を読み聞かせてもらい、ドリルをこなし、英会話スクールに通って……」ということをやれば、英語はペラペラと話せるようになるかもしれませんが、それで幸せになれるかは別です。むしろ苦しそうになっていく子が多いように見えるのです。しかも、早期英語教育でうまくいった（たとえば小6で英検準1級を取った）お子さんの話はたくさんあっても、「その後」が語られないのはなぜなのでしょうか。

早期英語教育に反対したところで、小学生はどうすればいいの？

世の主流は「英語を早く始めたほうがいい」という意見ですが、反対意見も一定数存在し、賛成派・反対派がそれぞれの主張を色々なところで繰り広げています。ただ、どちらの意見も「早くやるべき／やるべきでない」と二極化しています。もし白黒ハッキリさせないといけないのならば、僕は反対派です。

ただ、完全に反対しても意味がないのです。僕が国のトップに立つことがあれば小学校英語を即廃止にしますが、当然そんな立場にはありません。もはやこの国の方針は「早期英語教育をやるべき」というほうに完全に舵《かじ》を切っているので、それに抗《あらが》っても仕方ありません。本・雑誌・TV・ネット、色々なところで英語教師が議論しようが、駅前で署名活動をしようが、国会の前でマイクを持って抗議しようが、当の小学生は今日も学校で英語の授業を受けるわけです。この避けては通れない現実を踏まえて、「反対とは言え、英語指導者が余計なノイズを立てないほうがいい」というのが僕の考えです。そこで必要となるのは、「うまく乗り切る・うまく利用する」発想だと思います。

なぜか、この「やるしかないんだから、うまくやろうぜ」という立場の人がいない――少なくとも表で発言することがありません。もちろん僕は自分の意見を隠して「どっちもアリ」なんて都合のいい立場に立ち、「どちらも良い点があるので、これからの文部科学省の方針に注目しつつ、期待していきたい」などと、読者に判断を委ねることは絶対にしません。だからすでに「反対」と述べたわけです。

さて、本書の全体の流れですが、「小学生のうちはあまり英語をやらなくてもＯＫで、その理由は厳しい保護者のせいで英語嫌いになるから。ただし中学に入ってからは一気にギアを上げる。そこが1回めの勝負どころだから」です（ちなみにそこで失敗しても2回めの勝負どころが高校英語なのでご安心を）。

「だったら小学生のうちに少しでも先取りして……」というお気持ちはわかりますが、それが大失敗のもとになるということを第1章・第2章でじっくりお話ししていきます。今まで熱心に取り組んだ方ほど、僕の意見が刺さりすぎてつらいかもしれませんが、それは言ってみれば「足ツボ」のようなもので、痛いということは悪いところがあるはずなのです。逆に言えば、痛く感じる方ほど得るものがたくさんあると思います（ちなみに「早期」とは未就学児・小学生を念頭に置いていますが、本書では主に小学3年〜6年生を中心に語っていきます）。

30年前の光景

1975年生まれの僕は、小学校で英語の授業はなく、授業は中1からでした。英語のネイティブ教師は常勤ではなく、本国に帰ってしまうことも多く、実際、授業でネイティブが入ったことは中学3年間で5回くらいだったと思います（記憶が曖昧《あいまい》ですが、逆に言えば印象の薄い授業だったのでしょう）。

また、僕が大学生のとき、教育実習に行ったゼミ仲間から聞いたのは「ネイティブ教師にはきちんと仕事しない人もいる。事務作業も『日本語が読めない』と言ってしまえば免除されるから、授業以外は体育館でバスケをしたり、プールで泳いだりして勤務時間を過ごす」ということでした。

もちろん、こんな先生ばかりではないことは僕自身も知っています。仕事で出会う素晴らしいネイティブが「以前、学校で働いていた」ということもあるからです。

教員から見たら「雑務をしない」ネイティブ教師でも、生徒から見たら「一緒にバスケをしてくれて、授業はラクなネイティブのお兄さん」なので、人気は高かったでしょう。正確に言えば「純粋に楽しい」のではなく、単に「勉強しなくていい・サボれる」から楽しい、もしくは、成績に関係なくクラス全員が授業に参加できる英語のゲームがあるから楽しいというだけでした(僕のヤンチャな同級生たちもはしゃいで参加していました)。

みなさんの場合はどうでしたか? 世代、地域、そして配属されたネイティブ教師次第だと思いますが、同じような経験をした方も多いのではないでしょうか。

ここで何が言いたいのかと言うと、この時代の英語の授業を経験していると、少なくとも中1の最初の頃はクラスの大半が英語の授業に目を輝かせ、ネイティブが入る授業は

「(学校の授業の割には)盛り上がる」ものでした。

小学生に異変が起きている

小学校で英語の授業を受ける「現在の小学生の様子」はどのようなものだと想像しますか?

ご自分の経験から「小学生も英語の授業に目を輝かせている」「英語の授業はみな活発で盛り上がっている」と想像しませんでしたか? 僕はほんの数年前までそう思っていました。

ところが実際に小学生から出てくる感想、小学校で英語を教える教員の感想が、想像のものとはまるで違っているのです。ここでいくつか挙げるものは少数意見ではありません。決して「奇をてらう」意図はなく、もはやこういった感想が当然のように出てくるということを感じ取ってもらえればと思います。

☑ 小学生からよく出る感想

「英語の授業で、歌とかロールプレイとか、バカバカしくてやりたくない」

✓教員からの感想

「好きな科目のアンケートをとったら、英語と書いた生徒はゼロ（ちなみに人気があったのは理科と国語）」

✓塾講師からの感想①

「富裕層が多く通う塾ですが、担当の小5・小6の子はみんな英語が嫌いと言っています」

✓塾講師からの感想②

「今の小学生はリスニングや会話が得意な子が多いが、そこで止まってしまい、中学から文法・読解で苦労する子が多い」

以上を一言でまとめるなら、子どもたちは「大人びて冷めている」のです。

最初の「バカバカしい」という感想は、成績が良い子ほど持つ感想です。小学校高学年にもなれば多くの面で大人びています。お子さんがその年齢なら好きなものを考えてみてください。アニメも複雑なストーリーだったり、大人顔負けのテーマを扱っていたりします。興味ある音楽もポップスにしろロックにしろ、本当にプロが作ったものです。そういうものに触れている子たちが、英語の授業でやる歌やロールプレイに興味を持つことはないでしょう。まして隣の子が苦手なタイプの子であればロールプレイなど苦痛でしかありません(それは大人だって同じですよね)。

ちなみに、出版社の編集者から聞いたエピソードで「小学校の英語の授業で『将来の夢』を英語で発表する課題があったものの、多くの生徒が『Google翻訳』を使っていた」という話がありました。これもある意味「大人びて冷めている」と言える現象かもしれません。

「すでに遅れている」と焦ってしまう方へ

学校で英語の授業が本格的に始まるのは小5です(その前から軽い内容は扱います)。英語に限りませんが、それまで1年、2年と習い事をやってきた子と、何もしていない子ではスタートの時点で、相当の差がついています。そんなことが全国の小学校で起きています。するど、それまでに何もしてこなかった子は劣等感を抱いたり、保護者も焦ったりするでしょう。

先ほどお伝えした通り、本書の根底には「早期英語教育に反対」という考えがあります。これはつまり「早くやっても英語ができるようになるわけではない」という考えです。もちろん英語のことだけを考えれば早くやったほうがいいのですが、「子どものうちにやるべき優先順位を考えたら英語はそんなに高くない、他にやることがあるので英語は後回しにしてもいいですよ」ということです（個人的な考えをさらに言うと、小学生のうちは英語をやるよりセミを捕まえたり、プラモデルを作ったりするほうがきっと将来のためになると思っています）。

いずれにせよ、「英語を先にやった人たちには失敗していく人が多いですよ、後から英語を始めても大丈夫ですよ、そのやり方は僕が教えますよ」というのが本書の役割です。

そんな僕は日本で生まれ、日本で育ち、中1から英語に触れた人間です。厳密には小6の12月から小学校卒業までの3ヵ月だけ英語塾に週1回通いましたが、ゲームと会話中心の授業に嫌気がさしてやめました。生まれて初めての習い事だったので、最初は夜に友達と塾に通うこと自体や、帰りのコンビニでアイスを買うのが楽しかったのですが、それでも3ヵ月が限界でした。ですから、英語の勉強を始めたのは今の子たちよりもずっと遅いわけです。その後は中2で学習塾へ通い始め、高校受験、大学受験、といった具合に、「いたって普通の日本人」の英語の勉強をしてきました。

両親は元気でしたが、迷惑をかけたくない一心で、大学でも生活費と学費は自分で出していましたので、普通に遊ぶことはできても留学する余裕はありませんでした。留学どころか28歳まで海外旅行すらしたことがなかったのです。大学の卒業旅行でロンドンに行こうと誘ってきたゼミ仲間は「慶応の英文科でパスポートも持ってないの、お前だけだろ」と笑っていました。

このような流れで、僕自身は早期教育なしで英語をモノにした人間です。しかも日本だけで。ですから、僕の方法論はきっと多くの人に適用できる、汎用性が高いものだと思います。ついでにお金もかかりません。僕個人は「必要ならお金はかける」タイプで、「ケチると行動の効率が悪くなる」という考えを持っていますが、英語に関してはお金をかけた人ほどうまくいっていない印象を受けます。

もちろん早期英語教育の専門家や帰国子女には自身のメソッドがあるでしょう。それを否定するつもりはありませんし、それを必要とする人もいるでしょう。

ただ、僕には「英語は大人になってからでもできるようになる」という信念があり、それは僕の生き様でもあります。英語講師としての僕の存在意義はそのためにあると思っています。

また、大学卒業後は英語講師として予備校での授業や著書の出版をしながら今に至ります。最初は大学受験英語を教えるだけでしたが、その幅を広げ、小学生用の書籍を数冊執筆し、オンライン予備校「スタディサプリ」で数万人の中学生に向けた高校入試講座を担当しています。以前はＮＨＫラジオの中学英語講座テキストでの連載で高校入試対策もしていました。

高校生より上の大学生・社会人にはＴＯＥＩＣテスト対策の講座を担当したり書籍を執筆するほか、英会話教材や有名企業からの依頼でビジネス英語の教材を作ったりしたこともあります。

確かに僕は早期英語教育の専門家ではありませんが、このように小学生から大人まで、かつ受験対策・資格試験対策だけでなく趣味の英語やビジネス英語まで取り組んでいる英語講師はかなり珍しいだけに、早期英語教育の専門家の目には見えない（見る必要がない）学校英語・受験英語、さらにその先までを見越して全体としてアドバイスできると自負しています。

英語学習の3つのゴール

英語学習の目標は、言うまでもなく人それぞれです。僕のオンライン講座を受けていた45歳の女性は、いわゆる「推《お》し活」のために英語を始めたそうです。「大好きな海外アーティストがSNSで発信するメッセージを理解したい、そしてコメントを残したい」というのが動機でした。僕の講演会に参加した77歳の女性は「80歳でヨーロッパ巡りをしたいので、そのときに少しでも英語を使えるように、75歳から英語の勉強を開始した」と嬉しそうに話してくれました。

ですから、どんな目標でも自分が満足できればいいと思うのですが、小学生の段階ではある程度、保護者が定めてあげる必要があるでしょう。

これが問題集であるなら目標は具体的で、「学校の授業を理解できる」とか「英検3級に合格」といったものになりますが、本書ではもっと広く、「英語スキルの獲得」「思考力の獲得」「資格・学歴の獲得」を目指すような英語学習についてお話ししていきたいと思います。

少し大風呂敷を広げたように見えますし、1冊の本でこの3つを獲得できるわけがないことは言うまでもありませんが、本書ではこれらを示すことで、英語で心配事が多いであろうみなさんの視野を広げる役目を担いたいと思っています。以下、3つの目標について説明します。

✓「英語スキル」の獲得

これは「英語力そのもの」です。小中学生のうちは普段の授業を理解することから始まり、試験で点数を取り、受験で武器とし、最終的には洋書を読んだり、映画を観たり、会話したり、ビジネスで使ったりするための英語力のことです。「試験・受験のためだけ」の英語ではなく、「一生モノの英語スキル」の獲得です。

入学受験の予備校講師であるなら受験英語だけを教えればいいのですが、僕はその前段階の小中学生のときにどんな英語を習っていたのか、そして受験の後に必要となる、大学で論文を読むときの英語、資格試験での英語、ビジネスでの英語、日常会話での英語なども分析して、そこに1つの軸を通していきます。また、その英語が本当に通用することを受験対策以外の書籍などで「証明」し続けています(この本も新書という形で世に広く訴える点で大きな活動の1つです)。

また、本書では、最近たまに聞く「世界基準の英語」といったものには触れません。一番の理由は「そこまで考えだしてしまうと保護者の負担が何倍にも増してしまうから」です。「世界基準」には色々な意味を含ませることが可能ですが、たとえば地域であれば数が圧倒的なインド英語を含めたものなのか、中国人とビジネスできる英語も入るのか、など目標がブレてしまいます。目標を失うと挫折につながります。まずはきちんと日本で結果を出し、それがそのまま世界中で通用する英語の土台になる、そんな英語力の獲得を目指す道をお伝えしていきます。

✓「思考力」の獲得

「英語以外の成績」、もっと言えば「試験で測れない、ものの考え方」のことです。僕は英語を教え始めた19歳のときから今日まで「英語だけできるようになっても仕方ない」と言い続けてきました。多くの人が憧れる「英語がペラペラ」というだけでは国際人でも何でもありません。そういうことこそ小学生に教えるべきだと思います。

また、「英語ができるとたくさんの情報に触れられる」と言われますが、情報を取捨選択できるための思考力がなければ情報に踊らされたり、解釈を間違えたり、騙《だま》されたりするだけです。

正直なところ、英語だけできれば（つまり「英語スキル」だけあれば）「それなりに稼げてしまう」のが日本の現状ですが、「サラッと英会話ができる〝だけ〟」だと、会社でも単なる翻訳機として利用されてしまうかもしれません。それではお金が稼げても幸せとはいえないでしょう。ましてや今後、高性能な自動翻訳機がスマホやイヤホンに搭載される日がくれば、単に英語をペラペラ話せるだけの人は会社から必要とされなくなるでしょう。

昔から英語の先生の持ちネタに、「海外のレストランで〝Soup or salad?〟と聞かれたが、それが「〝スーパーサラダ（Super salad）〟に聞こえて焦った」というものがあります。数十年前からそれで笑いを取るのは変わっていないのですが、僕はここで「スープとサラダが並列される」という文化に注目できることが大事だと思っています。さらに「そう言えば最近のファストフードやファミレスはそのシステムになっているなあ」と考えられるようになることが大事だと思っています。些細《ささい》なことですが、こういったところから食文化の違いに意識が向くかもしれません。

どうせ英語を勉強するなら、英語圏の人の発想・思考法を学んだり、日本語との違いに注目することで視野が広がる勉強をしてほしいと思います。仮に英語が必要でなくなっても「英語学習の際に培った思考力」でこれからの時代をサバイブしていける「たくましさ」は貴重な財産となるはずです。

これに関して、僕が小中学生だけでなく、高校生・大学生・社会人にもよく話す「思考力を鍛える英語」の例をコラムで2つ紹介したいのですが、ちょっと長くなるのでこの章の最後で解説します（34ページ）。

✓「資格・学歴」の獲得

「受験英語」は「実際に使える英語」と常に対立させられます。しかし長いこと受験産業に携わり、毎年大量の入試問題を見ていると、その質の高さには驚かされます。そして英文の素材そのものも、最新の論文やネット記事・新聞からの出題がもはや「メイン」となっているのです（詳しくは第5章で）。

また、そもそもどんなに英語の実力があったからといって、それを証明できないと、少なくとも履歴書上では「ゼロ」とみなされます。「資格じゃない。実力だ」とか「学歴社会は……」といった議論は置いておいて、実際問題、「あったほうがいい」「ないと一次審査すら通らないことがある」というのが現実です。資格・学歴は、社会における「免許証」のような役割で、なくても生きていけるけれど「あったほうがいい」のです。

僕は「資格は素晴らしいよ」と言うつもりはありません。ただ、「資格がないと話を聞いてすらもらえないかもよ」と言いたいのです。きちんとした英語スキルを身につけた上で、資格と学歴は「あったほうがいい」ということです。

余談ですが、僕は40歳を過ぎて3年ほどシンガポールに〝半移住〟したことがありました。そのときに「シンガポールで暮らすときの申請書に学歴を書く欄がある」ことを知りました。詳しい知人に聞いたところ「優秀な人材に住んでほしいから、学歴も参考に選考するのだろう」とのことでした。

もちろん審査基準は公表されませんし、僕の学歴（慶応大卒）がシンガポールの人にどれほどアピールしたのかは不明ですが、まさに「あったほうがいい」という体験でした。

以上、「3つのゴール」を少し俗っぽく言い換えると、「英語が自由に使えて、そこから情報を得ることも発信することもできる（英語スキルの獲得）。でも単にペラペラなのではなく、多少発音が悪くてもネイティブのほうから『教えてくれ』と言われるような思考力・判断力を持ち合わせている（思考力の獲得）。そして、仮に〝見た目だけ〟で判断されても審査には通過するし、チャンスも与えられる（資格・学歴の獲得）」ということになります。

こういったゴールを達成するために、いきなり第1章でも、シビアかつ辛辣《しんらつ》なことも言っていきます。「英語学習そのものを否定する」英語講師の発言に面食らうかもしれませんが、これが僕の信念であり、「英語ができるからハッピー」なのではなく、「ハッピーになるための英語」をどう身につけていくのかをこの本でお伝えしたいのです。ぜひみなさんの英語教育観の幅を広げる一助になればと思っております。

教育改革よりも、「今どうすればいいのか?」

日本で暮らしている以上、誰もが通るのは、言うまでもなく「学校の授業・教科書」です。それに関してたくさんの問題点をこの本の中で挙げていきます。ただし、僕はむやみやたらに批判するつもりはなく、「大前提」を理解しているつもりです。その大前提とは「限られた時間・空間の中で複数の生徒を教える以上、ある角度から見たら欠点だらけになるのは当然のこと」ということです。

これに気づかず批判を繰り返す英語関係者は少なくありません。よく耳にする例でいうと(早期英語教育に関するものではありませんが)、「TOEICテストで高得点でも英語を話せない」という批判があります。きっと聞いたことがある方も多いでしょう。TOEICテストは「読む・聞く」試験なのでスピーキング力は問われないのですが（一応、スピーキングとライティングを試すTOEIC S&Wという試験も別にあります）、それは誰でも気づくことなので、もっと根本的なことをここで語ります。

そもそも資格試験というのは「あるスキルのほんの一部を切り取って、制限された条件の下で特定の力を試すもの」です。目的とする能力を過不足なく測定できるテストなんて存在しません。測りきれない部分だけを切り取り、鬼の首を取ったかのように「TOEICは役立たない」という意見は、試験の本質が見えていないわけです。

これはスポーツで考えれば簡単です。ある条件下、つまりルールが厳密にあってこそ公平な競争になるわけですよね。これを無視して「ボクサーなんて（柔道のような寝技《ねわざ》ができないので）倒しちゃえば勝てる」というめちゃくちゃなことを言い出す人が格闘技好きの中にも多いのです。あらゆる角度から「強さ」を競い合うスポーツなどありえません。それこそルールがなくなり、ただの暴力行為になってしまいます。

それと同様に、あらゆる角度から「英語の強さ（英語力）」を測るテストなど存在しないのです。その不完全さは「授業・教科書」でも同じです。クラス全員にフィットする完璧な授業や教科書は存在しないのです。

僕はそこまで承知の上で、「それでもこれはおかしくない？」「もっと良い方法があるでしょ？」「これで誰が得をするの？」という点を挙げていきます。

また、本書では学校改革などの提案をするわけではありません。そんなことは僕一人の力では不可能ですし、うまくいったところで何年もかかるので、今この本を手にしてくれているみなさんのお子さんにはまったくメリットがありませんよね。ですから「学校が現状、そうであることは仕方ない。では今、どうすればいいか」をお伝えしていきます。

そんな本書のタイトルには「サバイバル」という言葉が使われています。「サバイバル」はジャングルや無人島など、便利なものがない場所を生き抜くイメージが浮かぶかもしれません。確かにひと昔前なら英語の勉強にも便利なものが少なかったのかもしれません。しかし今は「便利なものが少ない」どころか、もの・メソッド・情報が溢《あふ》れかえって、逆にどうしていいかわからない状態でしょう。本書で取り上げる「世間の雑音・一部の子にしか合わない教科書の内容・周りの保護者からのマウント合戦」といったものから身を守り、「早期英語教育に不安や焦りを感じながらもどうしていいかわからない」という気持ちを克服でき、自信を持って英語学習を生き延びるという意味での「サバイバル」です。

以上、前置きが長くなりましたが、僕は早期英語教育に反対なので、本書の前半は現状に対する批判が多くなります。しかしご理解いただきたいのは「読者のみなさんの貴重な時間をいただく以上、代案も出さずに現状の欠点を羅列するだけの『単なる悪口』に付き合わせることはない」ということです。僕が考えるベストの道を本気で語っていきます。

※コラムは34ページから

実際には「Godを少しボカした」表現が頻繁《ひんぱん》に使われます。

「Godを口にできないなら、もう言わない」という発想で、Oh my! となるわけです（女性が好む表現）。辞書でmyを引くと「おやまあ」という意味が載っていますが（間投詞という見出しで）、別にmy自体に「おやまあ」という意味があるわけではなく、Godが省略されているだけなのです。

また、「言わない」のではなく、「曖昧にボカす」発想もあり、Godをgosh / goodnessに変えることもあります。どれもよく使われるので、映画を観ていればよく耳にします。今度チェックしてみてください。

Oh my God! のバリエーション

Oh my!　※Godを言わない

Oh my gosh! / Oh my goodness!

※Godをボカしてgosh / goodnessに変える

以上、単に「決まりだから」と言われる日常会話での表現から、これから英語を勉強していく中で色々と「思考する」きっかけになるものを2つだけ取り上げました。

Oh my God! がなぜOh my! になるのか?

小学生でも知っている“Oh my God!”ですが、実際の会話では「使うべきではない」という事実はあまり教えられません(僕自身、絶対に使いませんし、授業でも使わないよう指導しています)。

ネイティブが使いたがらない理由はシンプルで、「Godが畏《おそ》れ多くて口にできない」という発想があるからです。キリスト教の教えには「みだりに神の名を唱えてはならない」とあるほどです。

たまには耳にすることもあるでしょうが、それは一部の若者だったり、あまりに衝撃的な出来事が起きたりするときです。たとえば映画の中では衝撃的な出来事が必ず起きるので、よく耳にするのです。

実際にOh my God! と言ってしまうと、「教養がない」と思われる可能性だってありますし、「両親からOh my God! を禁止されていたアメリカ人」の話を聞いたこともあります。そんな中、僕たち日本人が「オーマイ、ガッ」なんて言ったら、かなり冷たい目で見られても仕方ないでしょう。

“Oh my God!”を「そのまま使う」のはよくないので、

つまり、単に「朝イチで会ったときに使う言葉」という点から、Good morning. に「おはよう」という訳語を当てはめただけで、英語の“Good morning.”と日本語の「おはよう」は、根底から発想が違うのです。

全国の小学校や英会話学校でGood morning. を教えるでしょうが、ここまで教えることはまずないと思います。でもこの話を通して、文化の違い、言葉を表面的に受けとってはいけないこと、言葉には歴史があること、などを知るきっかけになるのです。

一度こういった発想を持つと、子どもは「あれはどうなの？」「これも同じなの？」など、知的好奇心が刺激されて次々に疑問を持ちます。英語のあいさつ1つで、こういったきっかけをつくれるのです。

ちなみに僕が本書で「英語はそんなに早くからやらなくても大丈夫」と言い切る根拠の1つが、このGood morning. です。いくら早く英語を始めたところで、僕に言わせればみんなGood morning. の本当の意味すら知らないのです。英語話者の無意識に潜む発想・気持ちを無視して、“Good morning.＝おはよう”という丸暗記を早くから強制されてきただけとも言えるのです。

Good morning. の本当の意味は？

Good morning. は「おはよう」と訳されますが、よく見ると直訳は「良い朝」ですよね。「おはよう」という訳語には、「早い」に相当するearlyは含まれていません。

実はこれ、本来の姿は、I wish you a good morning.「あなたに良い朝が訪れることを願っています」なのです（wish 人 物「人に物を願う」）。

英語の世界では「あいさつ＝お祈り」という発想があり、お祈りだからこそ良い言葉（good）しか使われないのです。天気が悪いときに“Bad morning.”と言わないのは、本来「お祈り」だからです。

ちなみに、“I wish you a”が省略されない例として、クリスマスシーズンに流れる歌でよく耳にする、I wish you a merry Christmas.「素敵なクリスマスが訪れることを祈っています」があります。

一方、日本人にとっては〈あいさつ＝事実描写〉で、天気が悪いと「ひどい天気ですね」という事実を口にします。「おはよう」も事実描写であり、「今日は朝からお早くいらっしゃいました」→「お早う」と変わったのです。

第1章　誤解だらけの早期英語教育

「平均」に合う人はいない⁉

この本では、保護者の方に向けて「僕が考える理想の英語教育」について独断と偏見を交えて、でも大真面目に語っていきたいと思います。

なぜ独断と偏見が必要かというと、中立的で平均的な話はどこでもなされるからです。データをとって結果を羅列するだけで、「こういう人もいれば、そういう人もいるので、我が子をよく観察しましょう。これからの英語教育を注意深く見守っていかなければいけません」といった論調に終始するのは避けます。

もしそれでうまくいくのなら、これだけ多くの方が英語学習に悩んだり不安になったりすることはないはずです。

以前（2019年）、早稲田大学の入試問題で出題された英文の内容が興味深かったのですが、その要旨は次のようなものでした。

「パイロットの身体測定をして、平均値に合わせたコックピットを作ったら、そのサイズに適した体形のパイロットは対象グループの中に1人もいなかった」

これと同じように、「中立的・平均的・優等生的な英語教育の考え」にも合わない人のほうが多いのではないかと思います。もっと言えば、学校の授業や教科書は「文科省や教員など、大人たちが理想と考える小学生」を想定して、その優等生にだけフィットする仕組みになっていると感じます。大半の子には合わないのです（第2章で詳述します）。

もちろん、奇をてらって極端なことを言うつもりは一切ありません。今まで30年近くの英語講師歴で、自分が常に一貫して言い続けてきたことを書籍という形で発表するだけですし、それは僕が連載をしていた「ＮＨＫラジオ 小学生の基礎英語」テキストのコラムで支持されたことでもあります。僕はあくまで、自分が理想と考える英語教育を本気で語っていきます。

「英語ができる＝成功」ではない

まずは1つ考えていただきたいことがあります。以下の課題を1分でいいので考えてみてください。

> **課題**
>
> お子さんがどんな大人になってほしいか、できれば有名人や知人の中から具体的な固有名詞を挙げて考えてみてください。1人である必要はありません。

「英語ができなくても、人生で成功している人」がたくさんいるのはご存じの通りです。「課題」でみなさんが思い浮かべた理想像となる人物は、英語がどれくらいできるでしょうか？　まったくできない人も多いのではないでしょうか？

仮に英語ができるとしても、もしその人が幼い頃から英語に膨大な時間を割《さ》いていたら、今の地位・姿に到達することができたでしょうか？

たとえばテニスの錦織圭《にしこりけい》選手は英語を流暢《りゅうちょう》に話しますが、錦織選手がテニスより英語を優先したとは思えませんし、極端なことを言えば、彼が小学生のときに英語の面白さに開眼してそこに時間を注ぎ込んでしまっていたら、世界中の子どもから憧れられて日本人が誇りに思う、今のテニス選手としての姿はなかったかもしれません。

保護者のみなさんには今一度、「英語が人生のすべてではない」ということを確認していただきたいのです。こうして文字にすると、誰もが「そんなことはわかっている」と思うでしょうが、とてもそうは思えない行動をしている保護者の方が（特に富裕層に）多い気がしてなりません。「英語ができるようになった＝成功」「英語をマスターできなかった＝失敗」という単純な構図で考えてしまう人が（保護者だけでなく、指導者側にも）非常に多い、ということです。

とは言え、本書を手になさっているみなさんは「我が子に英語をマスターしてほしい」というお気持ちがあるはずですし、もちろん僕もそのためにここにいるので、次は「英語ができるのに、問題点がある」というケースをお話しいたします。

英語ができる人の「裏側」を考えてみる

「英語をやらせればできるようになる」とか「早く始めさせればできるようになる」という考えに支配されてしまっている保護者は少なくないです。しかし何歳から英語を始めたとしても、最終的には大きく次の2パターンになるかと思います。

✓結局、マスターできない

早期から英語教育を受けながら、英語をマスターできなかったという子はたくさんいます。こういった子が自分の失敗談を語りたがらないのは当然ですし、まして保護者が「こんなミスをしました」とメディアで語ることはないので、まるで「失敗する人はいない」かのように実態は隠れてしまいます。

また、英語嫌いの人の中には「小さい頃に英語を強制されたから」という意見が一定数見られます。僕は高校生を中心に教えていますが、英語嫌いの原因としてものすごく頻繁に出てくる意見です。もはや「あるある」と言えるでしょう。

✓それなりにマスターできたけど……

「英語のことしか考えない」と、他の大事なことを忘れてしまいがちです。ヨソの子が「小6で英検準1級を取った」などと聞くと、手放しで称賛してその方法を真似してしまう方が多いのですが、それはよくありません。

ズバリ言ってしまえば「コストパフォーマンス」が大事なのです。仮に無限に使えるお金があったとしても、貴重な小学生時代の時間と気力を大量に注ぐという「犠牲」に見合うものでないといけないのです。この視点でツッコミを入れる人はあまりいません（というか、英語指導者がメディアで言うことはありません）。

少し話が逸《そ》れますが、以前、ＯＢ訪問的な意味合いで母校の学生と話をしたことがあります。彼はアメリカに16年ほど住んでいて、当時慶応大に在籍、ＴＯＥＩＣテスト９２０点をウリにして、将来は英語教育の道に進みたいということでした。

色々なことを話したのですが、僕が最初に伝えたことは「アメリカに16年いながら、Ｔ

OEICテスト920点は低すぎる」ということです。世間からすれば立派なスコアですが、長いアメリカ生活を考慮したら、相当弱い数字であり、もちろん何かしらの事情（日本人学校に通っていたなど）があったのかもしれませんが、少なくとも英語教育の世界に身を置く僕から見ると、本人がテストに向かないか、よほど集中力が欠けていると判断されるだろうと伝えました（少しムッとされましたが、僕が会社の人事担当なら絶対に採用しません）。

本題に戻りましょう。つまり「英語がペラペラ」とか「英語の資格」だけで評価するのではなく、「何を犠牲にしてきたのか？」という視点が必要なのです。

この「犠牲にしてきたもの」は、ヨソの家庭からは見えません。お子さん本人だって「英語に時間を割かないもう1つの人生」を想定することなどないでしょう。だからこそ保護者であるみなさんが予測をして、他のことを考慮して、メリットとデメリットを天秤《てんびん》にかけて判断してあげる必要があるのです。

英語学習の本でも、動画投稿サイトでも、「英語の達人」「日本にいながらネイティブ並み」のようなすごい人たちを見つけることができます。しかしそれは特別な環境だったり、並外れた好奇心の持ち主だったり、「1日12時間の勉強を2年間やった」という常人とは比較にならないほどの根性があったりする人たち（もっと言えばその複数の条件を満たしている人たち）だというのが現実でしょう。

そういう人たちを「自分の中の英語学習のお手本」として、日々の勉強のモチベーションにつなげるのは良いことですが、真似することは容易ではありませんし、同じ犠牲を払えるのかを考える必要があるわけです（僕には絶対に真似できませんし、そんなことまでしなくても英語はできるようになります）。

その犠牲を払った結果、「お子さんにとって大事なこと」ができなくなっては本末転倒です。せっかく英語はペラペラになっても、小中学生という好奇心旺盛な時期に様々な経験ができなかったということでは、英語で語ることがなくなってしまいます。

また、将来も外資系企業でやっていけるだけのコミュニケーション能力がなかったり、成果主義に対するメンタルが育っていなかったりしては、どんな立派な英語力であっても仕事には活きません。

せっかく自由自在に使いこなせる英会話力があっても、外国人からよく出る「お寺と神社って何が違うの？」という質問にきちんと答えることができなかったり、「忍者はどこに行けば会えるの？」という質問に対して、「心の中にいる」とか「一般人に姿を見せないから忍者なんだ」とか「とりあえずおもちゃ屋で手裏剣《しゅりけん》を買おうよ」とか、まあ何でもいいのですが、笑いながら何かしら返せるような心の余裕がなかったりする人には、そもそも英語ネイティブは話しかけてすらくれないかもしれません。

流暢な英会話力と美しい発音が宝の持ち腐れになってしまい、会社で孤立、情報がまわってこない、会議ではないがしろにされる——、すべて以前に仕事で訪問した超有名企業で僕自身が見かけた光景です。

僕は英語講師ですが、英語よりも何かしらの得意分野・能力のほうが大事だと考えていますし、その力を養うのに小学生のときの時間はとても貴重だと思います。

「できたほうがいい」という呪縛

改めて言うまでもないことですが、「英語をペラペラ話せる＝仕事ができる」わけではありません。ところが早期英語教育になると、この大前提を忘れたような行動をとる保護者は少なくありません。

ここでよくある反論は「いや、そんなことはわかってる。でも〝英語もできたほうがいい〟に決まってるでしょ」というものです。

確かにその通りです。でも「○○もできたほうがいい」という考えには注意が必要です。その言葉はすべてに当てはまり際限がないからです。ピアノでも水泳でもそろばんでも書道でも合気道でもダンスでも中国語でも「できたほうがいい」となり、非常に「人の行動を惑わせる」言葉なのです。

以前、教育熱心なお母さま方にインタビューする機会があり、そのときに「ゲームができないと友達の輪に入れないから、ゲームもうまいほうがいい。親として手伝ってあげたいけど、私はゲームがわからないし……」と真顔で相談されて困ったことがあります。確かに「ゲームもできたほうがいい」ですし、それが親子のコミュニケーションの道具になるならお勧めしますが、そうでないなら無理に時間を割く必要などないはずですよね。

英語を最優先しなかったからこそ成功した教え子たち

「英語もできたほうがいい」という前に、「もっと大事なもの」にしっかりと取り組んでこそ英語の力が活きるわけです。「もっと大事なもの」が何かは各自の価値観で千差万別です。

世間には「10年後は未知の世界だから英語を！」という論調がありますが、僕に言わせれば「10年後は未知の世界だから、英語の前にもっと大事なものを磨き上げよう！」なのです。

僕は英語を教える仕事を30年近くやってきましたが、ここ数年の世間の激変ぶりからこんなことを言い出したわけではありません。19歳で初めて塾で教えたときから同じ考えです。その授業を受けた生徒の中で、「英語にとらわれずに」、いや「英語にとらわれなかったからこそ」自分が満足できる人生を歩んでいる人を紹介してみたいと思います。

1人めはSさんという女性で、小5から英語塾に通ったものの、単調な暗記とゲームばかりの内容に魅力を感じず、1年でやめてしまったそうです。他の科目は塾に通い続け、公立高校から国立大学に現役合格（僕が教えていたのは高校3年時）。就職は第一希望の超有名外資系企業に採用されました。そこでの仕事はすべて英語ですが、大学に入ってからほとんど英語に触れなかった彼女のＴＯＥＩＣテストは７００点台でした。世間的には立派な数字ですが、大学生がトップの外資系企業を受けるにはだいぶ低い点数です（今や大学生であってもトップ層は８００点は当たり前で、９００点オーバーも珍しくありません）。

しかし彼女は難なく内定を勝ち取りました。ちなみに、その企業を一緒に受けた彼女の友人はＴＯＥＩＣテスト９７０点だったものの、書類の一次審査で落選だったそうです。

内定を取った後に、その企業のアメリカ人役員から「優秀な人材であるなら、英語は後からいくらでも訓練できる」と言われたとのことです。事実、入社前のトレーニングと、実際に働きながら英語を学び、海外赴任も経験して、今は外国人の部下も抱えて順調にキャリアを築いているとのことです。

2人めはI君という男子生徒で、浪人中に僕が英語を担当しました。彼は小3から小6までの4年間、英会話スクールに通っていたのでそれなりに早いスタートではありますが、特別早いということはありませんよね。公立の中高では学校・受験勉強のみで、現役時のセンター試験の英語は200点中168点。浪人時に英語に目覚め（僕のおかげということにしておいてください）、センター試験は200点満点を取得して、防衛医科大学（医学部）に進学。その後、2020年には医師として中東付近の海賊対処・世界安全維持活動のために海上自衛隊艦艇に乗船。途中、船内で新型コロナ感染者が出たものの、海外の現地病院へ英語で指示を出し、乗組員と連帯して感染の抑え込みにも成功し、半年後に帰国しました。大学時代は必要最低限の英語の勉強しかしていないとのことなので、受験で学んだ英語を土台に仕事でも活用できたわけです。

最後に、教え子ではないのですがもう1名紹介させてください。僕が中学生のときに通っていた塾の先生と今も親交がありまして、その先生の息子さんであるK君です。小中（公立）は野球に明け暮れ、野球漬けの毎日で勉強量は普通の小中学生よりはるかに少なく、初めて塾に通ったのが中3の夏になってからです。もちろん英語の先取り学習など一切やっていません（僕はその証人でもあります）。中3から大学受験までは勉強に時間を割いて、北海道大学（医学部）に現役合格、現在5年生で、USMLE（米国医師免許試験）のStep 1に合格を果たした段階です（先日、海外実習に必要な自己PRの英文を読ませてもらいましたが、そちらも採用が決まったそうです）。早期英語教育を一切受けていないどころか、中3の初めまで学校の教科書でしか英文を見たことのなかった彼が、米国で医師になりつつあるのです。

以上3名だけを紹介させていただきましたが、他にも英語を使いこなしている教え子はものすごくたくさんいます。許されるならそれだけで1冊の本にしたいくらいです。成田空港のチェックインカウンターで僕の前にいた外国人に流暢な英語で説明をしていた航空会社のスタッフが、偶然教え子のMさんだったこともあります。彼女も高3当初はごく普通の高校生の英語力でしたが、必死に受験勉強をして大学に合格して、その後、英語力に磨きをかけた1人です。

今回紹介した人たちの共通点として、「特別な英語教育を受けていない」「勉強・受験において一度は何かしらの挫折を経験している（特には触れませんでしたが）」「親はほとんど（僕から見たらまったく）手を貸していない」ということを僕自身が知っていることから紹介させていただきました。それぞれの望む道に進み、その中で見事に英語を使いこなしていると言えるでしょう。

この3人が、もし英語を最優先していたら、今の姿はないだろうと僕は確信しています。もちろん「早期英語教育がいけない」ということではありませんが、こういった人たちがいくらでもいるということを紹介することは、今の「とにかく早いうちから英語を」という風潮の中で、きっとみなさんの参考になると思います。

保護者が英語より大切にすべきこととは？

「早くから英語をやらなくてもうまくいく」と聞いた後に、「じゃあ何をすれば？」「でも英語は何かやっておきたい」という気持ちになると思います。ただ、英語そのものの話はもう少しだけ待ってください。保護者の方に、いや、保護者だからこそできる（教師・講師にはできない）ことがあるからです。まずはそれをここでお話ししていきます。

✓英語を「一番」にしない

英語が本当に必要になったとき、その必要性が他のことを上回れば、自分から英語に取り組むはずです。というか、取り組まざるをえないのです。一番わかりやすい例が受験です。受験科目で必要であれば英語を勉強するに決まっていますよね。

でも小学生の段階では、中学受験の科目に英語があることはまだ少なく(増えてはいますが)、多くの人にとっては数年先の高校受験で初めて英語が受験科目になります。また、受験で必要とはいえ、嫌々取り組むのは避けたいですよね。

そこで保護者の方に意識してほしいのが「英語を一番に置かない」という考え方です。「とにかく英語」と考えるのではなく、「英語よりも大事なものがある」ことを強く意識してください。たとえばお子さんが「お医者さんになりたい」と言ったとき、えてして保護者は「医学部なら今のうちに勉強を」と焦ってしまうのですが、まずは「医師になりたい」という気持ちを大切にしてください。その気持ちが強ければ、黙っていても英語に取り組みます。過去、医学部に受かった僕の生徒たちは例外なく全員がそうでした。

「NHKラジオ 小学生の基礎英語」テキストに、宇宙飛行士の油井《ゆい》亀美也《きみや》さんのインタビューが掲載されていました。その中で油井さんは以下のように語っています。

「自衛隊に所属していた23歳か24歳のときだったと思うんですけれど、アメリカに行ってパイロットになるというコースにほぼ強制的に行かされたことがきっかけで、少しずつ話せるようになっていきました」（「NHKラジオ　小学生の基礎英語」2022年3月号）

油井さんが本格的に英語に取り組んだのは、大人になってからとのことですが、それで「自分の夢」を叶《かな》えているわけです。まさに夢を叶える過程で必要になった英語に、自ら覚悟を決めて取り組んだのです。また、見方を変えれば、英語に取り組むようになるには、それなりの時間を要するとも言えます。お子さんがすぐにやる気にならないとしても、「それはいたって普通のこと」だと保護者が認識しておくことが大切です。

✓「好きなこと」を探す

「〇〇になりたい」とまでいかなくても、「〇〇が好き」「〇〇をしているときが楽しい」というものがあれば十分です。もしそれも見つからないなら、そのときは保護者の出番です。一緒に探したり、提案したりするのです。

ただしここで最大限に注意してほしいことがあります。お子さんの言葉を字面通り受け取るのはよくないです。たとえば「算数が好き」といっても、必ずしも算数、その先にある数学の世界観が好きとは限らず、パズル感覚で解く快感だったり、どんどんドリルを進める感覚が好きだったりということもあるからです。

極論すれば、「お医者さんになりたい」という子は、本当に医療に興味があるのではなく、「カッコいい医者に憧れているから」とか「そのように言えば周りの大人が褒めてくれるから」ということだってありうるのです（僕はこの話を予備校の医学部クラスでするのですが、当たりすぎてみんな苦笑いしますし、「確かに」と考え直す受験生は少なくありません）。

お子さんのなりたいもの・好きなもののきっかけをしっかり汲み取り、なぜそう思うのか、どう目指すのか、を理解することが大切です。そしてその過程で英語をやる必要性を「こじつける」のが保護者の役割です。「こじつける」といっても難しいことはなく、「だったら、ここで英語ができたほうがいいよね」と言うタイミングを窺《うかが》うだけです。

✓我慢強さ・粘り強さを身につける

語学を続けるには忍耐力が必要です。というより、何をするにせよ「我慢強さ・粘り強さ」を身につけることは一生の財産になります。小学生のときに無理に英語を詰め込んだところで、「我慢強さ・粘り強さ」を持った子には、いずれ必ず追い抜かれます。ならばまずは英語よりも、そういった力をつけることを優先したほうが結局は英語もうまくいきます。

前項で紹介した3人はこの点において非常に優れていました。子どもの頃に好きなことに没頭した結果だと思います。Sさんは恐竜(公園を掘って化石を探したそうです)、I君はミニ四駆(大会にもエントリーして、そのときの「組み立てる」ということが整形外科医として人工関節を手掛けることにつながっている気がするとのこと)、K君は野球(定期試験前日に終日遠征試合)に没頭していました。

✓英語をやる気になったときのお膳立て

せっかくやる気になっても、英語の教材との相性が悪いと挫折します。小学生用の教材は子ども扱いするものばかりで、高学年にもなるとそれを嫌う子は少なくありません。もしお子さんが背伸びしたように見える場合、「どうせそんな難しいのは続かないでしょ」と言って、やる気の芽を摘まないようにしてください（このセリフは書店でよく耳にします）。

また、英語の勉強を始めたときに、英語を使いたくなる「場」と「ネタ」を提供するのも保護者の大事な役割です。間違っても引っ込み思案なお子さんに外国人と話をさせようとか、英語劇をやらせようとはしないでください。「読む」のが好きな子もたくさんいるはずです。

✓憧れを見せる

僕自身は小さい頃、英字新聞を読む姿に憧れました。コンビニで売っているので、たまに買ってみるのもいいでしょう。小学生にはまったく読めませんが、それでいいのです。

また、単純に英語を使っている保護者の姿が、お子さんの心に響くこともあります。昨今のリモートワークの浸透により、今まで一体どんな仕事をしているのかわからなかった自分の親が、家で流暢に英語でミーティングをしている姿は相当なインパクトがあるでしょう。

余談ですが、乳幼児にとっては、自分の親が意味不明な言葉（英語）を話して笑ったりする姿が奇異に映るらしく、泣き出してしまったという話を知人から聞きましたが、小学生ならそんな心配はいらないでしょう。

✓正論と綺麗事を避ける

いくらどんな正論・綺麗事を言ったところで、子どもには響きません。また、どこかで保護者側の「英語を話せるようになってほしい」という思いを感じ取ってしまい、多くの子はそれに反発するものです。

中には反発せず、言うことを聞く子もいるのですが、それはそれでよくありません。医学部を目指す高校生と話をするうちに、「いや、本当は小説家になりたかったんだけど、親のプレッシャーが……」と漏《も》らす子はそれなりに多いのです。

正論としてよくあるのが「これからの国際化社会では英語が必須」といったものです。みなさんが中学生だった数十年前にも同じことが言われていたはずですが、真面目な人を除いてあまり心には響かなかったのではないでしょうか(少なくとも僕にはまったく響きませんでした)。

また、どこかから借りてきた言葉も絶対にNGです。「英語ができれば10億人と話せて友達になれる」といった類《たぐい》のものも、キャッチコピーならいいかもしれませんが、子どもの心に刺さることはありません(今はオンラインゲームで数人とつながるほうが魅力的に思えるのです)。少なくとも、保護者がどこかから借りてきた言葉を発したところで、直感的に子どもは見抜きます。普段の言動とズレがあるからです。

それに、そもそもそんなことは保護者自身が本当に願っていることではないでしょう。わざわざ英語を勉強したことの一番の見返りが「友達ができること」だとご自身が信じていないのであれば、お子さんにも響きません。そして(悪気はないとは言え結局は)嘘をついたみなさんの言葉は信用されなくなり、英語も親の言葉も一緒に嫌われてしまうのです。

ここでお伝えしたことをすべて行う必要はないので、何か1つでも取り組めることからトライしてみてください。

「家に英語本を置くこと」のデメリット

早期英語教育の取り組みの1つとして有名なのが「リビングに英語の絵本をさりげなく置いておく」「英語の曲をかける」などの行動です。お子さんに英語をマスターさせた親御さんが、雑誌のインタビューやテレビで話す成功談としてよく見かけます。

ここで肝に銘じてほしいのは「あくまでその人が成功しただけ」という事実です。この方法を話す親御さんの中では「成功率100％」でしょうが、失敗する家庭のほうが多いと僕は思いますし、何よりも失敗したときのリスクが大きいのです。

ここまで言う以上、きちんと説明しないといけないので、順を追って説明していきます。

まず、本を置いたり曲をかけたりする理由は「英語への抵抗をなくすため」と言う方が非常に多いです。でも、それは大人が勝手に「英語はとっつきにくいもの」と決めつけて、「とっつきにくいのだから、英語への抵抗をなくしておこう」という、「おせっかい」な行動なのです。

よく考えてみてほしいのですが、子どもが2歳でも5歳でも8歳でも10歳であっても、「英語を始めるのに抵抗がある」とか、最初から「英語が怖い」なんて言う子はまずいません。英語を始めるときの子どもの顔は間違いなくイキイキして好奇心に溢れています。中には無関心な子もいますが、少なくとも最初から「恐れている」子なんていないのです（もちろん早くから始めさせられてすでに嫌いになっている子ならたくさんいます）。

ご存じの通り、英語の最初のレッスンは学校であれ英会話スクールであれ幼稚園の特別レッスンであれ、簡単なあいさつかゲームかアルファベットの練習からです。これでつまずく、抵抗を持つことなど、普通はないはずです。

そういったことを初めて体験した子どもの感想は総じて「楽しかった」というものです。「つまらない」という子は「すでに知っているので簡単すぎてつまらない」ということがほとんどだと思います。

もし「そんなの思い込みだろ」と言われたら、「その通りです。でも、英語はとっつきにくいもの、という思い込みよりは多くのお子さんに当てはまると思いますよ」というのが僕の意見です。

確かに「幼い頃から家の中に英語の本があり、なんとなく手にしていたので、いつの間にか英語が身近なものになっていた」という言葉は、つい真似したくなるのかもしれませんが、「置いておけば身近になる」とは限りません。実際、幼い頃から部屋に世界地図などを貼っているご家庭は珍しくないと思います（いわゆる「知育ポスター」というものです）。しかし国の大きさ・位置・国旗に多少の興味は示すものの、そこまで熱心になる子はかなり少数でしょう。また、意図せずとも、保護者の興味あるもの（ファッション誌でも車関係でも）は家の中にあるでしょうが、それがお子さんの興味を引くケースは少ないのではないでしょうか。まして、得意科目になるまで興味を示したり、将来「家にファッション誌があったので」と言ったりするファッションデザイナーは、ゼロではないでしょうが、決して多くはないはずです。

親がスマホを諦めればうまくいくかも

絵本を置いて早期英語教育に成功した方がよく言うのは「強制しないこと。絵本を置いておくだけ」というものだったり、「たまに親自身がその本を手に取り、熱心に読むと、子どもも興味を持つ」というものです。

確かにこういったことを「本当にうまくやれば」成功するのかもしれません。でもたぶん実際に真似した人の大半は失敗するでしょう。なぜでしょう?

理由は単純で、「上手にやれていない」からです。本当に熱心に読んでいればお子さんも興味を持つのかもしれませんが、演技を見抜かれるのだと思います。また、仮に演技がうまくいったとしても、それ以上の時間、スマホのほうを熱心に見ていれば、そっちに興味が湧くのは当然ですよね。

つまり成功した方は、やはりご自身が大変な英語好きで、本気で英語の本を楽しんでいるのがお子さんに通じたのでしょう。かつ、知らず知らずのうちにスマホとうまく付き合い、お子さんの見えるところではあまり使わなかったのではないでしょうか。

英語に対する新鮮さが失われるリスクも

世間でよく聞く「リビングに英語の本を置く」「英語の曲をかける」などの方法をこれだけ否定する英語指導者などいないでしょうね。ただ、厳密には否定ではなく「大半の人には向かないからやめたほうがいい」というのが本音です。それはこの項目の最初に書いたように「失敗したときのリスクが大きい」からです。

そのリスクとは何なのか、ズバリ「英語に対する新鮮さが薄れ、爆発力がなくなること」です。「物心ついたときから英語が身近にあった」というメリットだけが語られますが、それは逆に「英語への憧れ」がなくなってしまうことでもあるのです。

早期英語教育を受けていない、つまり物心がついてから英語を始める人間の強力な武器が「英語に触れたときの新鮮な気持ち」や「英語を話す人への憧れ」です。これは英語学習の起爆剤になりえます。もちろん誰もが「英語に憧れる」わけではないのですが、「最初は英語が好きだった」という人がそれなりに多いことを考えると、「身近なところに本を置いておく」方法よりも成功率は格段に高いだろうというのが僕の考えです。

また、それがうまくいかなくても、自分で始めたことというのは責任感を持ちやすいので、お子さん自らが「英語をやりたい」と言うときを待つほうが良いと思います。

一部の育児本にも書いてありますが、習い事でも書店で本を選ぶときでもおもちゃを選ぶときでも、子どもは自分で選んだもののほうが、それに対して責任感を持ちやすいのです。「英語に憧れ、自らその選択をした子」は長期間、強烈なモチベーションを持つことがあります。本を置くより、この切り札を取っておくほうが僕はいいのではないかと思います。

英会話スクールは「ラク」だから「楽しい」

前項で「英語の本」について触れましたので、それと同じくらいよく聞かれる「英会話スクール」についてもここで触れたいと思います。英語はやらせたいけど、何をしていいかわからないので、とりあえず英会話を習わせるという方も多いと思います。

結論から言うと、僕はそれにも反対です。一番の理由は本のときと同じ「英語への憧れ」がなくなってしまうからです。ですから、憧れを叶える場所として英会話へ通っているなら、それは良いことだと思います。英会話スクールが即ダメということではなく、お子さんのニーズを完璧に満たしているなら理想的な場となるのは言うまでもありません。「じゃあウチの子は大丈夫。『楽しい』って言ってるし」という方も注意してみてください。というのも、「心底楽しんでいる」ならいいのですが、「他の習い事と比べてラクだから・ゲームばかりやっているから・宿題などのプレッシャーがないから、楽しい」ということが多々あるのです。

実際、多くの保護者からよく聞くのが「スクールにはイヤがらず通っているけど、家では何もしない」というものです。これは、子どもながらに「習い事はしないといけないから英会話には通っているけど、実は心から楽しんでいるわけではない」のではないでしょうか。

ちなみに、ひと昔前の中学1年生には次のようなことがよくありました。中1の夏休み前後では「英語が一番好き」という中学生が多いのですが、よくよくその理由を聞いてみると、「数学とか他の科目よりもついていけるから」とか「ゲームが多いから」といった理由が少なくなかったのです。そして、中1の終わりに再び好きな科目を聞くと、英語の割合は激減しているのです。

小学校時点での差なんて、気にしなくていい理由

本書をここまでお読みいただいたみなさんには、世間の「英語は早く始めるほどいい」というのは「必ずしもそうとは限らず、リスクのほうが大きい」ということが十分に伝わったかと思います。

とは言え、他の子が「英検に合格した」などと聞くと、「小学校で大きく差がつくから早く始めないと」とか「どんどん差をつけられている」と焦ってしまう方も多いでしょうから、ここでは「格差をどう埋めるか?」と悩んでいる方に、「気にする必要は一切ない」という理由をお話しします。

まず1つめは、「そもそも早く始めたところで早くやめてしまったら(挫折してしまったら)、それこそ大きな痛手《いたで》となる」ということです。なぜかこのたった一言が世間では言われませんよね。焦って始めるよりも、「英語を続けるための準備」に時間を割いてからでも遅くありません。

2つめは、「早いほうが吸収が良い」と思いがちですが、それはあくまで「興味を持った場合だけ」です。興味がない3歳児や5歳児より、興味を持った10歳児のほうが吸収は早いですし、興味を持ったのが16歳であっても、そのときは逆に日本語力を駆使してどん

どん吸収していくものです。

お子さんのポテンシャルを信じるのは素晴らしいことですが、「早い段階で興味を持って順調に進み、その後何年も英語に取り組み続ける」というのは、かなりレアな成功例と思ったほうがいいでしょう。

3つめは、早期英語教育においては丸暗記式の英語を教えられることになるわけですが、丸暗記はいつか限界がくるので、その程度の暗記量は後でいくらでも逆転が可能だということです。言ってみれば「貯金」みたいなもので、子どものときにコツコツと10円玉を貯金したり、お年玉を貯金すること自体は素晴らしいですが、金額という意味ではたいした額になりませんよね。何年もがんばって10万円とかでしょう。

それよりは、子ども時代に有効にお金を使って色々なことを吸収しておけば、大人になって仕事のスキルも上がり、1ヵ月で10万円を貯金できる、そんな感じです。

もちろん貯金はたとえです。僕が言いたいのは、丸暗記英語は「あれこれ節約して我慢して10円を貯金するくらい費用対効果が悪い」ということです。

英語学習は競争ではない

最後に「差がつく」という発想自体に意味がないことをお伝えしたいと思います。「差がつく」という発想は、周りの人を意識しているからこそですよね。これを直接言われると、その恥ずかしさから否定してしまう保護者の方が多いのですが、今は誰も見ていませんし、本音は誰にも聞こえませんので、もしそうお思いならここで考え直すほうがいいと思います。

そもそも英検などの資格試験には一切の競争がありません。受験者が1000人いたとして、一定の点数を超えれば1000人が合格するわけです。

よく競争にたとえられる大学入試も、純粋な競争ではありません。確かに枠は決まっていますが、非常に広い枠であり、それこそ早期英語教育に大成功して「中学生で英検1級を取った」なんて人がいようが、IQ200の人がいようが、枠は十分に空いているのです。

そして一番大事なことは、そもそも英語力に「競争」という発想などありえないことです。別にアメリカの偉い人が毎年先着1000名に英語を勉強する権利を与えるなんてことがあるわけではありませんよね。英語の勉強をいつ始めようが、中断しようが、アメリカで放送されるニュース英語が変わるわけでも、イギリスの辞書に影響が出るわけでもありません。日本人がどんなに騒ごうが、英語を話せる人が増えようが、英語は英語であり、1ミリも影響を受けないのです。

すみません、当たり前のことをダラダラ書きました。でもこの事実を忘れてしまっている人が少なくないのです。英語学習者は、自分の目指す英語（ニュース・新聞・ビジネス・映画・海外旅行など）の習得に向けて、一歩ずつ近づいていけばいいだけで、競争なんて要素はどこにもないのです。むしろ周りを意識しすぎて目標から目を逸らし、勝手に脱落していく人が日本には多いのではないかと僕は感じています。

どうしても英語をやらせたい場合

子どものときの時間は貴重なので、英語をやらない時間は他にいくらでも有効活用できます。また、ゲームをやったり、マンガを読んだりすることだって、保護者から見たらイライラするかもしれませんが、とても大事な時間だと思います。高校生を見ていると、ゲーム・マンガなどの娯楽を厳しく制限された子は融通が利かないというか、変化にうまく対応できない印象があります。文字通り「遊び」が必要だと個人的に感じますが、それ自体は英語の話ではないので、ここでは割愛します。

「他にやることはあるけど、どうしても英語をやらせたい」という方もいるでしょう。そういう方はすでにこの本を閉じてしまっている気がするのですが、せっかく読んでくださるみなさんに伝えられる僕の考えは3つあります。ただし「英語そのものの勉強」ではなく、あくまで「英語をやり続けるための準備」です。

✓異文化体験

今までの価値観・普段の価値観が通用しない体験をさせるのはとても貴重です。これは英語圏である必要はないので、海外旅行といっても近場で十分です。たとえば韓国に行くと、人も街も建物も日本とそっくりなのに、人から発せられる言葉がまるで違う、街中の文字が違う、箸《はし》の材質と使い方が違う、など驚くことがありますよね。シンガポールに行くと、見かけは日本の田舎にいるオジさんと変わらない中国系のオジさんが、猛烈な勢いで英語を話すのは不思議な感じがします。

そういう意味で、「海外なのに日本語が通じる」というハワイなどはこの効果を狙うなら除外すべきかと思います。

韓国・台湾なら費用もそうかからないでしょう。少しでも英語に触れさせるなら香港・シンガポールがいいでしょう。2泊でも十分です。こういった体験から感じとったものが、いつか「外国語が必要なんだ」という思いにつながると思います。

✓外国人と話す

「海外に行くことはマストではない」というのが僕の考えですが、「外国人と話す」という経験は貴重だと思います。場所は日本でかまいません。ここで本書の独自のポイントは「英語以外でもいい。もっと言えば日本語でもOK」ということです。

小学生で英会話教室に通う子は多いのですが、「先生が外国人・大人・日本語が通じない」という3つの壁に同時にぶつかるのです。本当は同学年の外国人が理想ですが、そう都合よくいかないでしょうから、せめて「外国人と話をする」という機会があれば、ぜひ活用してください。子どものうちから「外国人と話をする」経験をしておく、しかもそれが日本語の会話であれば「外国人といっても、同じじゃん」と思えることがたくさんあるはずです。新幹線で隣に座ったとか、キャンプで隣でバーベキューをしていたとか、遊園地のアトラクションで並んでいるときとか、おもちゃ屋の中とかちょっとした場面でいいので、保護者のみなさんから外国人に声をかけて、きっかけをつくってあげてください。

✓発音練習だけやる

「日本語の力をしっかりつけることが先決」というのが僕の考えですが、単語・発音だけなら日本語に影響は与えないでしょう。英単語を正しい発音で覚えていくことで、日本語にない音も子どものうちに習得してしまうわけです。会話なんてできなくてもかまわないので、正しくappleと言えるのを目指すのです。「英語特有の音を出す」というスキルを先に習得しておくイメージです。発音のためですから、お子さんが興味を持つ分野の単語がベストです。その意味ではmonsterとかでもいいのです。

また、楽しく学ぶという意味で、『オニオンはアニャンと発音！　カタカナ英語キャラクター図鑑』（宝島社）を一度ご覧いただければと思います。ハードルを下げるためにカタカナを「利用する」本なので、厳密に英語の音だけではないのですが、一部のお子さんは強烈に食いつく本です（もちろん音源はネイティブのナレーターですので、それで学んでください）。

改めて強調しますが、以上の3つはあくまでも「どうしても」という場合です。少なくとも僕の両親はこういったことを1ミリもしていませんし、今では世界中の国を旅行した僕の思い出の旅行ダントツ1位は中2のときの宮古島（母親の故郷）で、2位は高校のとき友達と行ったスキー旅行、3位は小4のときの熱海の家族旅行です。英語は一切関係のない場所ばかりです。そんなもんでしょうから、特に保護者が何もしなくても英語はどうにかなります。どうか良い思い出をつくることを最優先してください。

第2章 とにかく英語嫌いにさせない

とにかく英語を「こじらせない」

小学生のときに一番大事なことは「英語をこじらせない」ことだと思います。何もしなければよかったのに、保護者側が色々と世話を焼くことで、英語をこじらせてしまう——具体的には嫌いになったり、コンプレックスを抱えたりすることが本当に多いのです。

一度そうなってしまうと、かなりやっかいです。子どもの頃に嫌いになったものは、大人になっても引きずる可能性があることは誰もが身に覚えがあるのではないでしょうか。良かれと思って早いうちから英語をやらせたがために、結果的に英語に対する嫌悪感や劣等感を残してしまうことは絶対に避けないといけません。

では嫌いにさせないためにはどうすればいいのでしょうか?

「英語に関しては何もしない」ことが有効だと本気で思います。ただ、本書を手になさっている方はそんなことを聞きたいわけではないでしょうし、「ベスト」を模索するのが僕の仕事なので、ここでもう少し語ってみたいと思います。

具体的に言えば、「世間の雑音・学校英語の合わない部分・周りからのマウント合戦」という火の粉から我が子を守ることだと思います。

✓世間の雑音をスルーする

これは言うまでもなく「英語は早くから始めましょう」という、あの類の言葉です。どうしてもその声が多いので、もし「多数決」を判断基準にしてしまうと、みなさんの心が流されてしまいます。

余談ですが、僕が普段高校生に教えるときに必ず伝えるのが「俺を信じるとか、あの先生を信じるとかではなく、英語そのものを信じなさい。どの先生の解説通りにやれば、英語が読めるようになるのか、英語の〝解像度〟が上がるのか。それを教えてくれる人や本の言う通りにしていけばいい」ということです。

僕の授業を初めて受ける生徒は、高校3年生が一番多いです。大学受験の英語を本格的に始めよう、予備校に行こうかな、などと検討を始める時期です。高校生ともなれば、小学生のときから学校や塾を含め10人以上の英語の先生に習っているのが普通ですが、その10人の先生が言っていた内容と真逆のことを僕が口にすることが多々あります。その先生たちが「覚えましょう」と言っていたことを、僕は「忘れていい」と言うこともあります。そして「人ではなく英語を信じろ」と言うわけですが、それに加えて「多数決で判断したら俺は絶対に負ける。でも入試問題を見てみ。それ、出てないでしょ?」ということもよく伝えます。

早期英語教育についても同じことが言えるのです。世間で言われていることを多数決で判断したら「早期英語教育大賛成」になってしまいます。ですから、どうしてもみなさんに納得してもらうために、今この本を読んでいただいているわけです。

✓学校英語の合わない部分をスルーする

これは長くなるので、後述します（79ページ）。

✓周りからのマウント合戦をスルーする

これは「親の見栄を我慢する」ことが大切です。世の早期英語教育は丸暗記式です。単語の丸暗記や会話フレーズの丸暗記など、丸暗記はすぐに結果が出ます。それによって、ヨソの子が幼稚園のうちから英語で100まで数えられたり、ネイティブの先生とちょっとしたあいさつを交わせたりしているところを見ると、保護者として焦るかもしれません。

焦るだけなら問題ありません。焦りを自分の気持ちの中に閉じ込められれば大成功です。しかし、その焦りを表情だけでなく、発言・行動に出してしまうと、これはもはや泥仕合のようになります。それに巻き込まれるお子さんはたまったものではないでしょう。だからこそ、保護者側に確固たる信念が必要であり、本書でそのきっかけを見つけていただきたいのです。また、「英語の土台になるから」「土台は早いうちに」という正論もありますが、算数・国語と違って、英語の勉強の土台は中学からでも十分に間に合いますのでご安心を。

丸暗記英語は効率が悪い

丸暗記英語はすぐに結果が出ると言いましたが、効果が薄れるのも忘れるのも早いです。短期的には効果がある、つまり一夜漬けのような効果はありますが、長い目で見れば効率が悪すぎるのです。

そもそも、今後膨大な量の英語と向き合わないといけないわけですから、子どものときに「英語は覚えるもの」と思い込んでしまうと、必ず伸び悩みます。丸暗記英語が通じるのは高校入試までです。「中学までは英語が得意だったのに、高校で壁にぶつかり、大学受験ではいまいちだった」という人が多いのは、丸暗記英語に原因があるというのが僕の考えであり、これまで高校生から直接聞いた膨大な数の感想から言えることでもあります。

確かに高校生でも、人一倍努力をして時間をかけて丸暗記英語で乗り切る人もたくさんいますが、他の科目もありますし、そもそも勉強以外にもやりたいことが無限にあるのが高校時代というもので、英語に無駄な時間を費やす必要はないでしょう。

学校英語をバカにする

早期英語教育の弊害の1つに「自分はできると思って、学校の授業をバカにする」ということがあります。一度舐《な》めてしまう、つまり「英語なんて簡単だよ」とか「学校で英語やってるけど、こんな感じで進むんでしょ」と思い込んでしまうと、後が大変になります。

大人からすれば「そんなお遊びに見える英語はすぐに終わるから気を引き締めてね」という気持ちでしょうが、子どもにそれは伝わりません。

一度舐めた気持ちになってしまうと、本気で取り組むことができなくなります。それでも今の小学校のカリキュラムは「ヌルい」ので、小学校はもちろん、中1くらいまではそれまでの貯金で悠々と暮らしていけるのです。しかし、中2から一気に様相が変わります。特別に難しいことはないのですが、それまでの内容が緩《ゆる》いので、急に難しく感じるのです。

一度緩めた手綱はすぐには戻りません。授業についていけなくなる子も出ますし、今まで下に見ていたクラスメイトに追い抜かれるという目にも遭います。そこですぐに対処できる子は稀《まれ》で、プライドからか「どうせすぐ元に戻るよ」というように現実を直視しない子は少なくありません。

塾講師が活躍するかも

一度挫折感を味わうとやっかいです。すぐに素直に勉強に取り組めば対処できるのですが、なかなかそうは動いてくれません。

そして、保護者のほうも匙《さじ》を投げてしまうことがあるのです。ちなみに、そうなってしまったときに、たまに活躍するのが塾講師です。万能で誰でも救えるなんてことはないのですが、それまで勉強をやっていた子は、親でもない、学校の先生でもない、勉強を教えてくれるけれど、どう見てもマジメには見えない、学歴は高いけれどあまり正論は言わない大人を塾の中で1人見つけるだけで、その人の言うことは聞くのです。

僕自身、もはや「手に負えない」と言われた子がなぜか僕の授業だけは熱心に聞いてくれたことがあり、家庭でも学校でもない、ある意味責任の薄い場所にいる大人の存在意義を実感したことがあります（もちろん「手に負えない」といっても、塾には来るのでそこまでの問題児ではないのですが）。

余談ですが、僕自身が中学生のときに通っていた塾の先生もそんな存在でした。面談で「将来やりたいことなんてない。でもサラリーマンも嫌だ」と言う僕に、「そういうのもいいな」と言ってくれた塾の先生の言葉に救われました（46ページのK君のお父さんです）。学校で言ったら罵倒《ばとう》されたでしょう。

最近は塾の先生もマジメになり、働き方改革やブラックな職場の改善などで、画一化されてきている気がするので、そういった起爆剤的な役割は期待できないかもしれませんが、いくつか塾の体験授業を受けてみる価値はあると思います。

また、小学校高学年になると、家と学校以外の「何かを教えてくれる大人」の存在を評価することはよくあります。親の言うことは聞かず、学校でも不真面目なのに、サッカーコーチの言うことはよく聞くという現象です。直接英語に結び付かないことでも、そういった存在を利用する、とは言いすぎですが、助けを借りるのはいいことだと思います。

教科書は一部の人にしか向いていない

「学校英語の授業や教科書に問題点が多いのは仕方ないこと」という点にはすでに触れました（36ページ）。ここでは具体的な点を挙げてみます。まず、学校の授業や教科書は文科省なのか教員なのか、「大人たちが理想と考える小学生」を想定して、その優等生にフィットする仕組みになっています。だからそのハマる優等生にとっては英語力が伸びる教材となるでしょう。また、優等生でなくとも、教科書の内容に合わせようと努力することで英語力が伸びる、という考えで作られているのでしょう。その理想自体は良いと思うのですが、「現状、ハマる優等生が少なすぎる」という問題点があると思います。

たとえば「英語で自己紹介」という項目が必ず教科書に出てきますが、そこに載っているイラストは「ピアノ・リコーダー・剣道・柔道・けん玉・水泳・スキー」などです。この問題点に英語指導者たちが気づいていないようですが、「一部の子にとって苦痛」だというのが僕の考えです。全体的に「裕福な家庭・教育熱心な家庭」に合わせているからです。「ピアノ」など、習い事をしていないとできないものばかりなのです。剣道や柔道も小学校の体育ではやりませんから習い事をしていないとできません。

「習い事をしていなくてもできるもの」という意図で載せているものが、リコーダーだと思いますが、あまりにも苦しいというか、まるで小学生の気持ちがわかってないなあと感じます。作り手や指導者は「ピアノは習っていなくても、リコーダーなら音楽の授業でやるから誰でも言えるよね」と思っているのでしょうが、結局、リコーダーが得意だと言える子はピアノなりバイオリンなりを習っている子です。そうでない子にとっては楽譜の読み方でつまずきます。いくらリコーダーが好きであっても、それを授業中にみんなの前で発表するのは勇気がいるでしょう。「うまくないじゃん」と言われてしまうからです。

水泳も同様です。プールの時間はありますが、実際に活躍するのは間違いなくスイミングスクールに通っている子です。

こうやって考えていくと、一部のものしか残らず、しかもそれはけん玉やスキーといったものになるのです。今や習い事が常識となりつつあり、「やっているかどうか」ではなく「何をやっているか・いくつやっているか」しか話題にならないので、作り手もそうした視点が欠けているのでしょうが、こんな発想では習い事をしていない生徒は救われません。公教育で扱う教材としては大問題だと僕は考えます。

ここで英語と何が関係あるのかというと、「授業中に発表できない（英語が話せない）」という以前に、「話すことがない」のです。そういった子は授業中は大変息苦しく、英語の授業が苦痛で仕方ないでしょう。それが英語嫌いにつながるのです。

また、「ウチは習い事をやってるから大丈夫」という方も多いでしょうが、1つ心に留めておいてほしいのは、教科書は終始この調子なので、「合わないことがある」「授業中に息苦しくなることがある」ということです。こういった理由から英語嫌いになることも多いのです。

苦手なのは「英語」ではなく「英語の授業」

教科書の問題点ばかりを挙げることがこの本の主旨ではないので、触れるのはあと1つだけにします。教科書では「食事」の話題がよく取り上げられます。「自分の好きな食べ物」や「日本食の紹介」、また「雑談」で役立つ表現を学ぶことになります。

しかし、どれも予定調和なものばかりで、ありきたりな会話に終始しています。教科書なので、それ自体は当然なのですが、それだけでは「興味を持つ子はいない（元から英語好きな子だけが楽しく、この教材で英語に興味を持つことはない）」だろうなあと感じます。

「食事に関する英語」について僕が考える、学校英語の致命的な欠点は「マズいもの」が出てこないという点です。大人のみなさんならおわかりでしょうが、海外の食事はどうしても口に合わないものがあります。

僕自身で言えば、海外の食事はあまり好きではありません。特にパクチーが大の苦手なので、ベトナムではだいぶ苦労しました。高級レストランならこちらの希望が通りますが、田舎や屋台では融通が利かないことも多々ありました。また、チーズもパスタも大好きなのですが、パリのチーズもスイスのチーズフォンデュもイタリアのパスタも好きにはなれません。ちなみにイタリアのティラミスとスペイン料理全般、メキシコのタコスは絶品だと思います。

こういった話は止まらなくなるのでこれぐらいにして、ここで大事なことは「海外では好きじゃない料理が出てくる」のは当然ですし、また、子ども・若者ならば「珍しい料理で盛り上がる」のは間違いありません。オーストラリアのワニ料理やフィリピンの「バロット（孵化《ふか》しかけている卵）」などは大人の間でも話のネタになりますよね。

僕は決して授業が盛り上がるという理由だけでこんなことを言っているのではありません。きちんと英語で「この料理は苦手です」と言えることは大事であり、それは立派なコミュニケーションであり、何よりも絶対にマスターしておかなければいけない表現だからです。それを学校では教えないのが問題だと考えています。

というのも、教科書には日本に好意的な外国人ばかりが出てくるので、実際に外国人に否定的なことを言われたら、子どもはショックを受けるからです。

よくあるのがお好み焼きです。日本特有の料理として紹介されます。ただしそのときに「pancakeみたいなものだ」と説明されるのが定番なのです。いくら「甘くない」と言われたところでpancakeという単語を使っている時点で相手はスイーツを想像するのでしょう。一口食べたときの外国人の表情は苦虫を噛《か》み潰したようになります。考えてみれば、そんなことはよくあるはずですが、教科書という世界では一切触れられず、また授業でもその点はスルーされているでしょう。これは現場の先生が悪いわけではなく、きちんと教科書制作側が考えたり、もしくはもっと上位の組織が指導したりすべきことです。

ちなみに、苦手だと伝えるときの表現は以下のものが役立ちます。1つめの文は大人びていますが、学校では絶対に習いませんし、将来的に知っておいて損はないので、ぜひお子さんにも教えてあげて、かつ、みなさん自身も海外旅行で必要があれば使ってみてください（“…”の部分は少し間を置くといいでしょう）。

●It tastes... interesting.「不思議な……味がしますね……」

※感想を求められたときに便利な表現。

●I can't eat spicy food at all.「辛いものが大の苦手なんです」

●It's... bitter.「苦いですね……」

以上、習い事の話にしろ、料理の話にしろ、学校英語はかなり一面的であり、それゆえ「挫折ポイント」がたくさんあるのです。ですから、合わないことが出てきても保護者が慌てないようにしてください。「まだ簡単な英語なのに、全然できてない」なんて焦る必要はありません。

そしてお子さん本人にも「あくまで英語の側面の1つにすぎない」ことを伝える必要があります。他の科目がうまくいっている子ほど「英語だけは苦手」だと思い込んだり、ショックを受けたりするからです。

元々「英語そのもの」は苦手ではないのに、「英語の授業」に苦手意識を持ち、本人も頭の中でそれを切り分けて考えることができないまま、「なんか英語イヤ」と思い込んでいるだけ、ということはよくあります。

英語へのモチベーションが上がらない理由

保護者のよくある悩みの1つに「どうすれば子どもの英語へのモチベーションを上げられるの？」というものがあります。この相談が出るときは、多くの方が「子どもは英語なら楽しそうに取り組む」という思い込みがあります。英語が好きだった保護者ほど、そう思いがちです。

まず保護者が認識、いや覚悟すべきことは、学校の授業で扱う以上、英語だって立派な「勉強」だということです。確かにゲームをやったり、発表が多かったり、算数・国語と違って、それまでの学力を前提とすることが少ないので誰でも取り組めたり、外国人教師が参加したりするなど、他の科目とは違った側面が多々あるのでつい忘れがちですが、完全に「授業」つまり「勉強」なのです。

学校の授業で扱う以上、小学生本人にとって「英語は勉強」に他なりません。「絶対に好きになることはない」とは言いませんが、それは算数や他の科目を好きになるのと同じくらい低い確率なのです。

高3で英語が好きになることもある

僕の「英語も勉強なんだからモチベーションは上がらないのが普通」という意見に、「いや、でも、せめて小学生のうちくらいは英語が好きってことも多いのでは？」と思うかもしれません。しかしそれはもはや過去のことで、すでにお伝えした通り、最近の小学生は「英語が嫌い」なのです（15ページ）。

ここでみなさんにお伝えしたい大事なことが2つあります。1つは、「ただでさえ嫌いになっているのに、家庭で追い打ちをかけてはお子さんはつらい」ということです。これが本書を貫く非常に重要な考え方であり、そのためにあれこれと僕の考えをお伝えし、みなさんにもこの本を読む時間を割いていただいているとさえ言えます。

もう1つは「嫌いになったからといって、もう絶対に好きにならないわけではない」ということです。

僕の講義を高校3年生になってから初めて受ける人が多いことはすでにお話ししました。予備校という場は頻繁に受講者への授業アンケートがあります（余談ですがこの数字は講師への評価に直結し、ペイに大きな影響を与えます）。「怖いから見ない」という講師も散見されますが、僕は1回で回収したアンケートが2500枚あっても、感想すべてに目を通していましたし、今はオンライン講義のアンケートなので、万単位の感想が届きます。その中で「初めて英語が楽しいと思った」という感想は毎回たくさんあります。つまり小学生から英語を始めて7年以上経った高校3年生でもそんな感想を持てるのです。

ちなみに、楽しいと思えた理由は、それまでの丸暗記英語で壁にぶち当たっていたところ、「英語には理屈がある」ことを知り、納得し、英語（特に英文法）が持つ仕組みの精巧さに興味を持てたからでしょう。それを紹介・説明することこそ、英語講師の役目だと思っています。

綺麗な発音を揶揄されてモチベーションが下がる

英語へのモチベーションが上がらない別の理由として、「授業で恥ずかしい思いをする」ことも考えられます。

1つは発音です。帰国子女が普通に話すと浮いてしまうので、わざと日本語っぽく発音する、なんて話をたまに聞きます。帰国子女ならまだしも、普通の英語好きな子ががんばって習得した発音をからかわれる、ということはもっと多いかもしれません。

こればかりはどうしようもありません。もしそこで先生が「笑わない！」なんて叱ったところでまったく効果はないでしょう。僕なら、「英語には英語の音があるので、そういった発音は楽器をきちんと弾《ひ》いているようなもの」といったことを徹底的に植え付け、説得し、それができた子を褒め、リーダーにして、クラスの空気をつくります。さらにはネイティブ教師にもそのことを伝え、色々と協力してもらいますが、もちろんそれが生徒にどこまで伝わるかはわかりません。英語が専門の中高の先生ですら、うまくやっている人がほとんどいないようなので、専門でない小学校の先生には無理難題というものでしょう。

そうなると、保護者のフォローが大事になってきます。「とにかく間違っていない。小学生のうちはからかわれても、そのうち、少なくとも大学へいけば逆に羨《うらや》ましがられる」ということを根気よく伝えてみてください。実際に褒められる場を提供するのも大事なことです。そういったことを評価してくれるスクールを探すのもいいですし、オンライン英会話なら安価に始められます。可能ならお子さんにわからないように事前に講師側に「発音を褒めてくれ」と伝えてもいいでしょう。僕はオンライン英会話「hanaso」の教材監修を10年ほどやっていて、仕組みや講師にも詳しいのですが、褒め上手な講師がたくさんいます。そういう「根回し」は保護者にしかできない大事な仕事だと思います。

また、少し話が変わりますが、「hanaso」はフィリピン人講師です。欧米の人とは違い、「同じアジア人」だからか、フィリピン人講師の適度な感じの褒め言葉も我々日本人にすんなり受け入れられ、また違った学び方ができるなあと感じました。

家族のことをみんなに話したくない

発音以外に「話す内容」自体が恥ずかしい場合も多々あります。小学校の英語の授業は5年生から本格化するわけですが、ご存じの通り、大人びた発言が増えてくる、非常に難しい時期でもあります。そんな時期にもかかわらず、授業では「自己紹介をしよう」の延長で「家族のことを話そう」という項目があります。

これは英語がどうとか関係なく、日本語だって話題にしたくない子がたくさんいると思います。家庭事情がどうこうではなく、すごく立派な家族であっても本人にとっては言いたくないことはたくさんあるでしょう。

予備校で生徒と話すと、「親が医者だと知られると嫌味を言われる」という医学部志望の子や、「経営者だというだけでお金持ちだと思われるのがイヤ」とか、「兄2人が東大と知られると自分まで、成績良くて当たり前だよね、と思われる」など、苦しそうに相談ししきた生徒がたくさんいます。予備校でのつながりしかない大人の僕には話せても、行動を共にする同級生には話せないのです。個人的な印象ですが、そのような悩みを持つのは有名女子高の生徒に多い気がします。

外国人に冷たくされて英語が嫌になる

頑張って英語を勉強して、勇気を出して外国人に話しかけたのに、冷たい態度をとられてしまい、英語へのモチベーションが下がったという小学生（に限らず、中高生、そして大人）もいるはずです。この点には先ほども触れましたが、もう1つ大事なことをお伝えします。

この話は普段は中学生にしています。なぜかというと、中学の修学旅行で「外国人旅行者に英語で話しかけよう」という課題が出されることが多いからです。ただ昨今の現状を考えると、小学生の修学旅行でも同じ課題が出る気がするので、ぜひここでお伝えしておきたいと思います。

余談ですが、修学旅行の行き先は様々で、以前イタリアに行くとき、同じ飛行機に首都圏の私立中学の修学旅行生が一緒でした。一時期〝半移住〟していたシンガポールでも修学旅行生をたまに見かけました。とは言え、現在も人気なのは東京と京都かと思います。

ちなみに僕自身の修学旅行は小学校は日光、中学と高校は京都でしたが、どちらも外国人旅行者に人気のスポットです。

修学旅行の課題に関して言えば、小中学生自身は何も悪いところはありません。習った通りに話しかけているのです。英語が好きな子ほど一生懸命に準備をして臨むでしょうが、残念ながら、話しかけた外国人から冷たい対応を受けて、嫌な思いをしてしまったという人も少なくないようです。

もちろん、たまたま無礼な人に当たったなど、単に運が悪かっただけかもしれませんが、どんな風に話をしたのかを聞いてみると、「それは嫌がられちゃうのも当然だよ」と思うことがよくあります。

いきなりWhere are you from? と聞かない

Where are you from?「ご出身はどこですか?」という表現は誰もが知っていますが、実はこれを何度も聞かれてムッとしている外国人が多いのです。これを連発すると、極端に言えば尋問のように思われてしまったり、「あなた、外から来たんですよね?」という印象を与えてしまうかもしれないのです。

もちろん、観光地でこの質問をすること自体は自然なことなのですが、京都にいる外国人旅行者たちの場合、「旅行とは言え、あまりにも何度も何度もこの質問をされるので、まるで『なんでここにいるの？』と言われているようだった」という感想が実に多いのです（この話題をネイティブに振ると、「よくぞ聞いてくれました」と言わんばかりの顔になります）。

もう1つ、NGフレーズがあります。What's your name?「お名前は？」は誰でも知っているでしょうが、実際には一生使わないくらいに思ったほうがいいでしょう。このフレーズ自体、かなりぶっきらぼうな印象を与えますし、そもそも、話しかけた直後にいきなり名前を聞く行為は、日本人同士だって警戒されますよね。

実際のネイティブ同士の自然な会話であれば、観光地の情報や天気の話など、色々な雑談を交えながら、自然な流れで相手の情報を聞き出します。これが理想的な流れなのですが、同じことを小中学生に求めるのは酷です。

ちなみに、恐ろしいことですが、この2つのフレーズが学校で配られる修学旅行のしおりに書かれているのを目にしたことが数回あります。

まずは状況を説明する

とは言え、学校からの課題で「出身国と名前」を聞き出さないといけないことになっている場合、ベストな方法は「学校からの課題である」という状況を最初にきちんと説明することです。

簡単なことなのですが、実際には多くの中学生が(高校生・社会人であっても)、Hi. の後にいきなり質問攻めにして、つい、この「状況説明」を忘れがちです。

ですから以下のような英語を使って説明する必要があります。正直、小学生には難しい文法も含まれていますが、最初の入り方で印象が大きく左右されますし、中学生・高校生になったときのことも考えて、しっかりとした英語を載せておきます。

Hi. Would it be all right if I asked you some questions? It's part of an assignment for my English class.

「こんにちは。いくつか質問してもよろしいでしょうか? 英語の授業の課題(の1つ)なんです」

これが言えれば、相手はおそらくNo problem.「問題ないですよ」などと言ってくれるはずです。

もし保護者がそばにいる家族旅行なら、ここはみなさんが手伝ってあげてもいいのではないでしょうか。いきなり披露しても、一緒に練習しても、きっとお子さんに素晴らしい影響を与えることができるはずです。

状況説明の後なら……

状況説明をした後であれば、Where are you from? と質問してもまったく問題ありません。ちなみにもっと丁寧に聞きたい人は、May I ask where you are from? などの形を使ってもいいでしょう（間接疑問文と言われるものです）。

そして、その流れで名前も聞いてみてください。いきなり聞くとびっくりされるので、By the way「ところで・話は変わりますが」を挟みます。もちろん、What's your name? はダメですよ。色々と丁寧な聞き方はありますが、一番簡単に聞く方法は、まず自分から名乗ってしまうことです。

生徒：By the way, I'm Masao. And you are…?
外国人旅行者：I'm Elizabeth.
「話は変わりますが、ボクはマサオと言います。あなたは……?」
「エリザベスです」

そして最後は、大きな声でThank you｛for your time｝. と言ってください。インタビューが多少失敗しても、最後がきちんとしていれば相手は嫌な気分にはならないでしょうし、お互い気持ち良いものです。

このような準備をしておけば、「せっかく頑張ったのに、嫌な思いをしてモチベーションが下がる」などということは起きないでしょう。

第3章　英語への興味を持たせるコツ

英単語に興味を持たせるコツ

ここまでは保護者のみなさんに「しないほうがいいこと」を中心に話してきましたが、この章では「したほうがいいこと」をお伝えします。まずは「英単語」に話を絞って、いくつか試してほしいことを挙げてみます。

現状のアプローチは「英単語は丸暗記するもの」という発想だと思います。「〇〇は英語ではこう言う」の連発でしょう。これ自体を面白いと感じてくれる子は少数派です。最初のうちだけは大半の子が興味を示すものの、それが何個も続くと嫌気がさすのが普通でしょう。

僕の教えた経験では、子どもが英単語に興味を持つきっかけとしては、以下の2つの場面が挙げられます。

① 仕組み・背景がわかったとき
② 自分の好きなこととリンクしたとき

この2つのきっかけをつくるための工夫をいくつかお話ししていきます。お子さんに合いそうなものが1つでもあれば、ぜひ試してみてください。

仕組み・背景がわかったとき（その1）

英語の教科書では、外国人への日本の紹介としてtempura「天ぷら」という単語が出てくるかもしれません。ここで多くの小学生から「なんで、tenpuraではなくてtempuraなの？」という質問が出ますが、「そういう決まりなの」と言われれば、興味を持てなくなるのは当然でしょう。

この仕組みを説明すると、nとmは日本語のナ行（nの音）とマ行（mの音）の音の違いと同じということになります。ナ行の場合、唇はくっつきません（「なにぬねの」と言うとき、上下の唇はくっつきませんね）。一方、マ行では必ず唇がくっつきます（唇がくっついて離れる瞬間に出る音なのです）。

これを踏まえて「天ぷら」と言ってみてください。「てんぷら」の「ん」で唇がくっつくはずです。だからつづりもnではなく、mになるのです。ちなみに「天丼」ならtendonとなります。

この仕組みを利用すれば、December「12月」などもmになることがわかります。さらに、interestingではnに、importantではmになるのもわかります。

ちなみにこの理由は、nやmの直後の発音と関係しています。importantのように、mの直後にm・b・pという唇がくっつく音がくると、それにつられてmになるのです。

このように、ただ意味不明なアルファベットの羅列だと思っていたものに(少しとは言え)規則性があることを知ると、文字、音声、単語に対する興味が芽生えることがあるのです。

仕組み・背景がわかったとき(その2)

storyという単語は、まずは「物語」という意味で習います。ところが、これが高校生・大学生になってもその意味だけで、他にもう1つよく使われる「階」という意味を知らない人が多いのです。これはかつてセンター試験でも出ましたし、TOEICテストにも出ます。何より、デパートの館内放送で英語が流れるときに使われることもあります。最近だとホテルのエレベーターでも耳にするかもしれません。たとえばthree-story buildingなら「3階建ての建物」となります。これも「意外だけどそういう意味もある」と言われるだけでは嫌になってしまうでしょう。

その背景ですが、昔のヨーロッパの建物の壁には、各階をハッキリ示すために、フロアごとに色々な「物語」が壁に描かれた、もしくは絵が飾られたそうです。つまり3階建てなら、3つのstoryがあったので、そこからstoryに「階」という意味が生まれました。

お子さんによっては昔のヨーロッパの話をされてもピンとこないでしょうから、それこそ日本のデパートを例にしてもいいと思います。デパートの各フロアにはstoryがありますよね。ビジネスや高級ブランドのフロアにお子さんは興味を示さないでしょうが、おもちゃ売り場や遊び場があるフロアには興味を持つでしょう。そのこととリンクさせれば、単語を覚える苦痛が激減し、興味を持つかもしれません。

自分の好きなこととリンクしたとき

勉強全般に言えることですが、「自分ごと」になったときに強い興味が湧くことがあります。「鬼ごっこ」がtagだと聞くだけで興味が湧くような高学年の小学生は少ないでしょう。鬼ごっこをやらないので自分ごととは捉えにくいのです。

一方、dodgeという単語が出てきたとき、もしくはドッジボールの話が出たとき、dodgeは「避ける」という意味なので、「ドッジボールの本質はいかに避けることができるかだ」ということをうまく伝えれば、単語の意味は強烈に記憶に残ります。ついでに、次にするドッジボールはいつもと違う盛り上がり方をするかもしれません。

また、学校や教科書とかけ離れていればいるほど効果的です。自分の好きなマンガの中のキャラクター名や武器の名称が英単語を元にしていると知り、それによって意味不明なカタカナ語だったものが、英語の言葉だとわかると嬉しいものです。

たとえば「ブレード」という言葉がゲームやおもちゃによく使われますが、本来はblade「葉」です。細長い葉をイメージして、それが「剣」という意味になりました。「ブレード」（厳密には「ブレイド」）と呼ばれるものは、剣そのもの以外に「細長い形をしているもの」が多いと思います。

もう1つの例として、「アーマー（armor）」という単語を僕は小4のときにゲームの中で知ったのですが、「鎧《よろい》」という意味を知ったときの感動を今も鮮明に覚えています。ちなみにこの単語は「NHKラジオ　小学生の基礎英語」テキストの中でも使われていました。別に僕のリクエストでも何でもないのですが、きっとこの単語を見てテンションが上がった、僕みたいな小学生が全国に数人はいると思います。

英語禁止ゲームをやってみる

いかに英語が日常に浸透しているかを実感させるのに「英語禁止ゲーム」をやってみるのもいいでしょう。よくTV番組や動画サイトで見かける「ゴルフやボーリングをするときに英語を使ってはいけない」というゲームで、つい「OK!」や「ストライク」などを使ってしまうものです。さらに「シューズ」や「ボール」など、きわめて身近なものにまで英単語が使われていることを実感でき、言葉に対する興味が湧くかもしれません。

数日後に「これって英語なの?」といった質問が出れば効果が出たと言えるでしょう。日常の中でいきなり「英語禁止ゲームをしよう」と言うと子どもは身構えてしまうので、いつものテレビゲーム(夢中になってしまうレースのゲームなどがベスト)や、カードゲームにスパイスを加える感じで提案するのがいいでしょう。

また、ゲームではありませんが、お菓子作りでも楽しめると思います。とにかくお子さんが「好きなもの」に「英語禁止ゲーム」を取り入れるのです。ただし、「英語に興味を持たせよう」という気持ちは完全にかき消してください。大人のそういった気持ちはどんな子どもであれ見透かしてしまうので、くれぐれもご注意を。

英文法に興味を持たせるのは難しい

英単語よりも英文法に取り組ませることはずっと大変です。というのも、小学校の英語の授業では、英文法を知らなくて困ることはほとんどないからです。英文法の試験があるわけではありませんし、会話表現が中心なので、全部覚えてしまえば乗り切れてしまいます。英文法の有用性がわからない状態で、いきなり「英文法」などという、よくわからない英語の分解・分析に興味を持つことは普通はないでしょう。

まして小学生英語で出てくる会話表現は、文法の理論から見れば破壊的な形をしていることもあります。たとえば「Thank you.」は主語のIが省略されていますし、「thank は現在形で、今発話している行為（感謝する）が発話（ありがとう）を表す」という、大人が聞いていても嫌になる話になってしまいます。こんな段階で英文法を持ち出したところで「役に立たない・面倒くさい」と思われるのは当然ですね。

もちろん「英文法が役立つようなカリキュラム」が組まれていたり、「英文法とは一体何なのか」といったことがきちんと説明されたりすればいいのですが、現状のカリキュラムはそうではないのです。ですから、まずは保護者のみなさんが「焦らない」ことが大事です。英文法の有用性がわからないうちに押し付けるのは、乳幼児にお金の大事さを語ったり、経済の仕組みを語ったりするようなもので、正論ではありますが、うまくいきません。

困ったときこそ身に染みる

では、そんな中、小学生が英文法に興味を持つのはどんなときなのでしょうか？

一言でまとめれば「暗記英語で困ったとき」です。「困ったとき」をさらに具体的に言えば以下のような場面が挙げられます。

- ☑暗記モノを覚えられずに苦戦しているとき
- ☑似た表現で、その区別がわからないとき
- ☑「なんでそうなるのか？」という疑問が出たとき
- ☑ミスをしたとき・そのミスで恥をかいたとき
- ☑英検などのテストで悪い結果が出たとき

こういったときに「英文法を使って解決できた」というのが1つの成功体験となり、英文法の有用性が身に染みるはずです。

mayに2つの意味があるのはなぜ？

小学生のうちは、May I ～?「～してもいいですか？」が最初に出てくるかもしれません。これだけなら「そういう言い方なんだ」と暗記したほうが早く、ここでいちいち「mayは助動詞でね……」と説明するのは煩《わずら》わしいと思われるでしょう。ただ、学習が進めばいずれは「mayには2つの意味がある」という内容が出てきます。

mayの2つの意味
①許可「～してもよい」　②推量「～かもしれない」

ここで、ひっかかるところが2つあるのです。1つは「2つも意味がある。しかもその2つの意味が関連しているようには思えない」というものです。ただし、真面目な子や英語が好きな子はその程度の暗記を嫌がりません。

でもその場合も、2つめのひっかかりがあります。それは「～かもしれない」と言うときに、「どれくらいの『かも』なのかわからず、適切に使えない」というものです。お子さん自身がこのことを自覚していることは少ないので、以下のことを伝えて問題提起をしてみてください。

「日本語の日常会話で『かも』は何％であっても使える。たとえば、『雨が降るかも』は90％でも、30％でも使える。でもmayはどうなんだろうね？」

言ってみれば意図的に困らせるわけですが、うまくやれば効果抜群です。

さて、1つめでも2つめでも、お子さんが「困った」のなら、そこで英文法の出番です。

mayは「50％」の感覚

「mayは50％（半々）の感覚」であることを意識することが大切です。オススメ度が50％なら「～してもよい（でも、しなくてもよい）」となり（そこから「許可を与える」意味が生まれます）、予想が50％なら「～かもしれない（でも、そうじゃないかもしれない）」となっているという「mayの根っこ」が大事なのです。もちろん言葉なので、ピッタリ50％である必要はなく、60％でも、そもそも数字でうまく表現できなくてもOKです。あくまで「目安」として「50％」だと理解しておくと、英文の意味がリアルに伝わってくることがよくあるのです。

mayの意味　核心：50%（半々）

①許可「～してもよい」　※オススメ度「50%」

You may take this guidebook home if you want.

「もし欲しいのなら、このガイドブックを家に持ち帰ってもいいですよ」

②推量「～かもしれない」　※予想「50%」

It may or may not be true.

「それは本当かもしれないし、本当じゃないかもしれない」

「2つも意味がある」と悩む子には「共に50%の感覚で……」と2つの訳語を関連させてあげればOKで、「どれくらいの『かも』なのかわからない」という子には「そうかもしれない（でもそうじゃないかもしれない）」という感覚のときにmayを使うと教えてあげれば悩みが解決します。

「語順」で伝える英文法の有用性

もう一例挙げてみましょう。英語には「〝主語＋動詞〟から文を始める」というルールがありますが、いきなりこれを教えるよりも、英文をつくるときに主語から始めずにミスをした際に伝えるほうが効果的です（単に言い間違えたときには言わないほうがいいでしょう。まったく通じなかった、テストでバツになったなど、「困った」ときに言わないと逆効果です）。

ちなみに、これだけだと結局は文法のルールを押し付けたにすぎないので、僕がする工夫は「日本語と比べて納得させること」です。

日本語には「～が」や「～を」という言葉があるために（細かい使い方は割愛しますが）おおざっぱに言って、「～が」がつけば文のどこにおいても主語になります。「～を」をつければ文のどこにおいても動作を受ける相手を示すことがわかります。

ですから、「チーター が、シマウマを、追いかけた」も「シマウマを、追いかけた、チーターが」も同じ意味になります。どちらも「チーターが追う側、シマウマが追われる側」ですね。

しかし英語の場合、「〝主語＋動詞〟から文を始める」ので、裏を返せば「文頭にある名詞は主語とみなす」ことになります。したがって、以下の2つの文の意味は違うものとなるわけです。

① The cheetah chased the zebra.「チーターがシマウマを追いかけた」
② The zebra chased the cheetah.「シマウマがチーターを追いかけた」

現実の事象は①ですが、②をイメージさせると小学生は面白がってくれたり、「いや、怒った大人のシマウマが子どものチーターを」とか「シマウマだって強くて」といった話を引き出せるかもしれません。そこまでくれば、きっと「〝主語＋動詞〟から文を始める」というルールを意識してくれることでしょう。

もちろんこんなことまで保護者の方が気を遣う必要はありません。みなさんがこんなことができたら僕は即失業します。30年近く英語そのものだけでなく、教え方・伝え方をずっと考えている僕の授業を再現しただけです。この中からお子さんに合いそうなものを選択していただければいいだけです。お子さんの「困ったとき」を見計らってトライしてみてください。

「使い分けがわからない」ときこそ文法が役立つ

「英語で困ったとき」の1つとして、「似た表現で、その区別がわからないとき」があります。小学生に限らず、大学受験生や社会人でも苦労するのがexcitedとexcitingの使い分けです（大学受験での頻出問題で、ミスをする高校生もたくさんいますし、大人でも英会話でミスする人がたくさんいます）。もしこれを丸暗記で乗り切るなら、以下のようになるでしょう。

単語の訳語を丸暗記する場合

exciting「興奮させるような」　excited「興奮した」

決して僕が意図的にわかりづらい日本語訳を選んでいるわけではなく、ほとんどの辞書で同じ訳語になっているはずです。

① I'm (　　　) about my upcoming vacation.

1. exciting　　2. excited

② The game was (　　　).

1. exciting　　2. excited

問題集などの教材や授業では、これに工夫がなされることもあります。1つめの工夫は「興奮」を「ワクワク」に置き換えることです。普段の会話で「興奮」という言葉を頻繁に使うことはないので、「ワクワクする・楽しみ」などに置き換えるわけです。excitingは「ワクワクさせるような・楽しみにさせるような」、excitedは「ワクワクした・楽しみにしている」となります。これは僕も必ず教えることで、効果的だと思いますし、より身近な表現なら普段から使えるものと思えるので、学習者のやる気アップにもつながります。

もう1つは「主語が人ならexcitedを使う／主語が人以外（物など）ならexcitingを使う」という教え方です。上記は大学受験の問題からの抜粋です（2択に変えてあります）。

①は主語が人（I）で、「2. excited」が正解（和訳：僕はもうすぐやってくる休みのことでワクワクしているんだ）、②は主語が人以外（The game）で、「1. exciting」が正解です（和訳：その試合はワ

クワクさせるものだった)。

確かにこの「主語が人かどうか」という解き方で正解が出る問題が多いのですが、これは正確なものではなく、付け焼き刃のテクニックにすぎません。いつかは壁にぶつかりますし、何より「主語が人ならexcitedを使う/主語が人以外(物など)ならexcitingを使う」という、無味乾燥なルールを暗記していくだけでは、いつか「文法なんてイヤだ」となってしまうでしょう。

元の動詞から考える

これについての解説は少し面倒ですが、お付き合いください。まず前提として、-ingは進行形で使われる他に、「能動(~する)」の意味を持ちます。一方、-ed(ここでは過去形ではなく過去分詞を指すという前提で進めます)は「受動(~される)」という違いがあるので、受動態などの基本を先に学んでおく必要があります。

では本題ですが、英語の感情を表す動詞は、本来「~させる」という意味を持ちます。元の動詞exciteは「~を興奮させる・ワクワクさせる」という意味なのです。ちなみに難関大学ほどこの元の動詞を出題して、「きちんと本来の意味から考える」姿勢があるかど

A: Oh, volume 16 is coming out tomorrow!

B: I know. I'm so excited!

A: あ、16巻が明日出るじゃん！

B: 知ってる。すげえワクワクしてるよ！

うかを問うのです。

受動態の形であるbe excitedの直訳は「ワクワクさせられる」となり、たとえば「休みによって私はワクワクさせられる」とはつまり「休みのことで私はワクワクしている」となるのです。上記の英文でも確認してみてください。

次にexcitingですが、直訳は「ワクワクさせるような」となります。-ingになったところでexcite本来の「させる」という意味に変化は起きないからです。たとえば「試合が人をワクワクさせるような」となるのです。このexcitingは"主語 is exciting."という形以外に、"exciting + 名詞"の形でもよく使われ、たとえばexciting news「ワクワクさせる知らせ」やexciting discovery「ワクワクさせる発見」と使われます。

以上の説明で、お子さんに納得してもらえない場合は、「与える・与えられる」という視点での説明もアリです。「ワクワクを与える」ならexciting、「ワクワクを与えられる」なら

excitedです。少し難しい内容で本来は高校生が学ぶものなので、お子さんが理解できなくてもまったく問題ありませんが、一応以下にまとめを載せておきます。

感情を表す動詞の「-ingと-edの判別」

①その気持ちにさせる／その感情を「与える」↓-ingを使う
②気持ちにさせられる／その感情を「与えられる」↓-edを使う

主語が「人」なのにexcitingが使われる

ここまでの内容から、次の文の違いもわかります。

① Keisuke is excited.　② Keisuke is exciting.

①のbe excitedは「ケイスケはワクワクさせられている」↓「ワクワクしている」で問

顕ありませんね。これは「ケイスケ本人がワクワクしている」わけで、周りはシラけていても問題ありません。

②は主語が「人」なのにexcitingが使われる例です。ただ、主語が何であれ、excitingの意味は「ケイスケは（他者を）ワクワクさせる（ような存在です）」ということで、たとえば「魅力的」であったり、「カリスマ性」があったり、ということです。ちなみにケイスケ本人がワクワクしているかはこの英文からはわかりません。

ですから英会話でつい、I'm exciting! なんて言ってしまうと、「オレってすげえんだよ」となってしまうのです。英語をミスしたときに「通じない」から困るのだと思われていますが、このように「意図と違って通じてしまう」ほうが面倒かもしれません。

今回の発想はexciteに限らず、感情を表すほぼすべての動詞に使えます。映画を見ていれば、自分の子どもや生徒に向かって、You are amazing!「すごいじゃないか！」と言っている場面をよく耳にします（amazeは「驚かせる」という意味です）。

以上、しかるべき時期にこのことを伝えるか、もしくは"[人] is exciting."の例を出して、「こんなに違うんだよ」と教えたときに面白がってもらえれば、そこで理屈を話すのはアリでしょう。いずれにせよ、絶対に焦らず、押し付けず、だけは忘れないでください。

子どもの得意技能を見抜くには?

みなさんは「料理」がお好きですか? もしご自身が好きなら自分のことで、好きでないなら身近にいる料理好きの人のことを考えて、「料理の何がどう好きなのか?」を考えてみてください。

きっと回答は千差万別になるはずです。ジャンルだけでも和洋中・スイーツなどがあります。また、スイーツ作りひとつとっても、その工程のどこが好きなのか、はたまた工程そのものより、材料の買い出しやレシピを考えたり読んだりしているとき、人にあげるときなど、好きなところは実に様々でしょう。

これは勉強、そして英語でも同じです。まず英語に取り組んでいるお子さんの姿をよく観察し、学校の授業の様子などを事細かに話してもらってください。どういう場面が好きなのか、好きまでいかなくても、どういう場面なら苦痛がないのか、などを保護者のみなさんが考えてみてください。

ここでいきなり「英語の授業の何が楽しい?」と聞いても最初は漠然とした答えしか返ってきませんから、保護者側がカウンセラーになったつもりで話を聞き出し、的確に質問をして、細かく分析していく必要があります。

簡単なのは、技能（活動）から絞っていくことです。「読む・聞く・書く・話す」のうち、どれが好きか、好きまでいかなくても抵抗がないかを探ります。ここで1つ挙がったからと言って、すぐにそれに飛びついてはいけません。たとえば「読む」という行為1つをとっても、以下のような切り口があるからです。

「英語を読むのが好き」の背景にある動機の例

- ☑読むための目標がある（例：英語のマンガを読みたい）
- ☑成績に直結する
- ☑英語の音が綺麗だから楽しい
- ☑日本語とは違った文字を読む行為が楽しい
- ☑みんなの前で発表するのが好き
- ☑発音を褒められたことがある

こういった理由は無限にありますが、見極めるポイントは2つあります。1つは「表面的な理由だけに終始しない」ことです。右に挙げた例のうち最後に挙げた発音などは「話す」ことだと思われますが、もしかしたら「読む」の背後にあるかもしれないのです。「読むのが好き」と言われても、右のようにさらに深掘りしていく必要があるのです。できるだけ「なぜ?」「どこが?」「どういう気持ちだった?」などの質問を重ねてみてください。

もう1つは「読む・聞く・書く・話す」の技能だけでスパッと切れるわけではなく、2つ以上の技能にまたがる可能性が高いということです。

単に「読むのが好き」と言われると、「それなら英語の本をたくさん買いに行こう」となりがちです。ただ、もしお子さんが「みんなの前で読むのが好き」な場合、その理由は「発音を褒められたから」「なんとなく達成感があるから」「学校の課題で成績に直結するから」「試験では問われないのでプレッシャーがないから」などがあります。この中でたとえば「発音が褒められたから」なら「話す」だって好きになる可能性はあります。

また「話すことが好き」といっても、「外国人とのコミュニケーションが好き」とは限らないのです。「綺麗な発音が披露できるから」という場合だってあるからです。わかりやすく言えば、「コミュニケーションが好き」ならオンライン英会話が有効でしょうが、「綺麗な発音を披露したい」なら自分でYouTube動画を上げていくことが好きになるかもしれません（もちろん動画アップは一例で、それを勧めているわけではありません。同じ「話すことが好き」といっても、やること・やりたいことがこれだけ違ってくるということを今はお伝えしたいのです）。

もうおわかりでしょうが、「技能・場面」だけでなく、「そのときの気持ち」まで踏み込むのがポイントです。簡単な言い方をすれば「誰に褒めてほしいのか？　学校の先生なのか、友達なのか、保護者なのか、まだ見ぬ人たちなのか？」まで考えると、お子さんの本音が見えてきます。

最後に注意点ですが、「大人のほうがムキになって尋問のようにならない」ようにしてください。また、「明確な答えを出すことは難しい」です。お子さんも苦しんでいるかもしれませんし、自分のニーズを明確な言葉に落とし込むことは大人でも難しいので、まずは技能をハッキリさせて、そこからもう1歩でも踏み込めれば御《おん》の字《じ》と考えてください。どうか気楽に。

「4技能バランス神話」に振り回されない

世間では、英語4技能（読む・聞く・書く・話す）をバランスよく勉強することが勧められています。指導者はとにかくバランスをとりたがり、「バランス良く勉強する」ことが最善だと信じて疑いません。確かに4つの技能を同時に伸ばしていければそれは理想かもしれません。

しかし現実には、そんなことをしていたらいつまでも英語はマスターできない、というのが僕の絶対的な主張です。英語の指導者でこんなことを言う人は少ないと思いますが、僕は間違いないと考えています。「勉強はしてるんですけど、成績が伸びないんです」という中高生は間違いなく、勉強が「広く浅い」のです。この「バランスをとらない」ことは中学英語でも大事になってくるので、また改めてお話しします（172ページ）。

自分に必要なもの・伸ばしたい技能に絞って勉強しないと、何年経っても成長を実感できず、「結果」も出ません。結果が出ないと心が折れて、英語の勉強そのものに嫌気がさし、勉強へのモチベーションが下がってしまうのです。

4つの技能を25％ずつ伸ばすより、2つの技能を50％、もしくは1つだけの技能を100％まで伸ばしにいったほうが、結果が出やすいのは当然ですよね。

そもそも英語のプロだって、4技能がすべて優れている必要はないのです。同時通訳者は「聞く・話す」に特化したプロですが、4技能すべてに秀でているわけではありません。

もちろん「読む・書く」も相当優れているでしょうが、「聞く・話す」のレベルとは限りません。

たとえば同時通訳者にとってTOEICテストのリスニングは全問正解が最低条件です。しかしリーディングはそうではありません。通訳者でもTOEIC満点でない人はゴロゴロいるのです（プロフィールに「TOEICリスニングパート満点」と書く人も少なくないので、それはつまりリーディングでは失点しているということです）。

逆に、受験指導をしている予備校講師なら文法問題は満点が当たり前ですが、TOEICテストのリスニングで満点を取れる人はほんの数％でしょう。つまり、講師業では「読む」と、たまに「書く」に特化していればプロとして食べていけるのです。英語のプロでもこの有様ですから、それを小中高生に要求するのは酷なことです。

まして小学生なら、強みを伸ばすことだけに専念したほうが絶対に良いです。弱点克服など、どんなに早くても中3になってからで十分です（高校受験で弱点克服が必要な場合でなければ高校・大学からでかまいません）。

「話す」ことにこだわらない

今はどうしても「話せるようになる」ことを重視する風潮がありますが、「読む・聞く・書く・話す」の4つの技能に重要度の差は一切ありません。日本語で考えてみればわかりますが、話すのが苦手でも素晴らしい文章を書く人はたくさんいますし、逆もしかりですよね。我々日本人の日本語だってバランスが悪いのに、英語だけバランス良くというのは無理があります。

もちろん、受験になると「読む」がメインになるので、中学になれば「読む」勉強をメインにする必要がありますが、それまでは好きなことに「全振り」したほうが絶対にうまくいきます。受験ではメインにならない「聞く・書く・話す」から英語が好きになっていれば下地ができますし、何より「自分は英語ができるんだ」という心の支えが大きな強みになるからです。

ある技能に「全振り」した場合、「学校で評価されない技能を伸ばしても成績に反映されないので、学校の成績が心配」と考える方もいるでしょう。将来を考えれば、学校の1度や2度の成績は無視していいと思いますが、実際には小学校程度の英語の内容であれば、どれか1つの技能に秀でていれば他の技能もカバーできてしまいます。小学校英語は、

4技能を個別に測れるほど高度な内容ではないからです。

この具体例として2つのことを挙げてみます。1つは小学校時点でのリスニングです。よくあるリスニングテストで「今から流れる英文は誰のことを紹介しているでしょう?」という問題がありますが、tennisと聞こえれば、選択肢にあるプロテニス選手の写真を選ぶだけです。astronautと聞こえれば、宇宙飛行士の写真を選べば正解になるという問題ばかりなのです。これはリスニングの形式をとってはいるものの、ここで求められるのは単語力(4つの技能で言えば「読む」に入る力)です。

もう1つは、中学英語(高校入試)になるのですが、やはりリスニングの形をとっているものの、問われるのは「読む」力ばかりです。高校入試のリスニング(難しい私立高校ではなく、公立高校の入試問題)はかなりゆっくり発音されるので、実際にはそこで発せられる英文を理解する力(単語力・文法力・読解力)があれば解けてしまいます。実際、ある程度の成績の中学生なら、リスニング対策を一切しないでも満点を取るのが当たり前です。

小中レベルではリスニングに特有の「音がくっつく現象・変化する現象」などを問うような高度な英文を出せないので、そうなってしまうのは仕方ないことでしょう。

以上からわかっていただきたいのが、「全振りすることに不安になる必要はない」ということです。ついでにもう1つ、小中学生の保護者の「ウチの子、リスニングは得意だけど、筆記のほうが……」という悩みに対しては、決してリスニングができているわけではなく、簡単な単語テストができているだけだと認識してほしいと思います。

こういった指摘は他で言われないでしょうから、おそらく全国の保護者はズレたアドバイスをもらってしまっているかと思いますが、ここでの内容を参考に、ぜひお子さんの「得意な技能」を伸ばす手助けをしてあげてください。

辞書にハマる子もいる

お子さんの得意な技能を探す際、起爆剤になりえるのが辞書の存在です。小学生に辞書を使わせる発想は世間にはあまりないようですし、確かに必要ありません。ただ、「試しに使わせてみる」というのもアリだと思います。そもそも国語辞典は使えるわけですから、英和辞典も活用できるはずです。辞書には不思議な魅力があり、「調べれば何でも教えてくれる」「思いもよらなかったことまで教えてくれることがある」「単語の意味だけでなく、使い方やニュアンスを知ることができる」といったことに子どもが興味を持つ場合があります。

ただし過剰な期待はしないでください。大半の子はハマりません。おそらく20人に1人くらいだと思います。ただ、失うものはありません。せっかく買った辞書も後で使えるでしょうし。

もちろん英語が得意な子ほど興味を持つ傾向はありますが、絶対ではありません。英語が得意でも辞書が嫌いな人は高校生・社会人にもたくさんいます。ですから単純に「ウチの子は英語が得意だから辞書をあげよう」とか「苦手だから辞書なんて絶対にやめとこう」と考えないほうがいいと思います。

ではどういう子に向くのかというと、「単語を覚えたり、読むのが好きな子」は当然として、「質問するのが苦手な子」は単語の意味を自分で調べられるので辞書が重宝するかもしれません。

また、「1つのことをきっちりやらないと気が済まない子」も辞書の情報量に魅力を感じるかもしれません。「英語が嫌いというわけではないけど、学校の英語に退屈している子」も、自分のペースでどんどん進めていけるのでオススメです。

英語が得意でなくても、「漢字や慣用句が好きな子」や「コツコツ自分で進めたがる子」にもいいでしょう。

どの辞書がいいか？

実際に書店に行って、お子さんに選ばせるのがベストです。膨大な辞書があってわからない場合は、3冊くらいに絞ってあげて、その中から選ばせるといいでしょう。ここで非常に大事なことですが、お子さんの質問に一言で返す以外は余計なことを言わないようにしてください。書店売り場では保護者からの「これいいんじゃない？」という言葉を必ず耳にします。問題集くらいならそんな感じでもいいのですが、辞書というのは子どもにとって靴・文房具・枕……何にたとえていいのか難しいのですが、とにかく「相棒」になりえるものです。紙面デザイン・紙質など、直感によるところが大きいのです。大人が勧めてきたものより、自分で選んだ、自分が良いと思ったものほど使い込みます。ですから、みなさんは書店では基本的に中身をあまり見ないほうがいいかと思います（見ると口を出したくなってしまうので）。

「でも、ずっと使う辞書だから良いものを……」と考える必要は一切ありません。確かに僕らプロから見て、それぞれの辞書の特色など、色々言いたいこともありますが、書店に並んでいる以上、すべて手間暇と膨大な予算をかけて作られたものなので、どれを使ってもまったく問題ありません。ちょっと優れた辞書をなんとなく使うより、仮に欠点があってもで選んだ辞書を好んで使ったほうが、英語はできるようになります。辞書というのはそういうものなのです。

また、「好きで買ったものの、なんか合わないなあ」と思う場合、無理に使い続ける必要はないというのが僕の考えです。「辞書は一生モノ」と考えられていますが、1年に1回は買い替えてもいいと思っています。もちろん何年も使えればそれは素晴らしいことですが、小中のうちは3年が限界かなと思います。

ちなみに、辞書を使えるようになると、「ねえ、この単語ってどういう意味？」という質問がなくなるので、保護者の方がすごくラクになるという隠れたメリットもあります。

アプリは危険

辞書は紙のものがいいのですが、「アプリでは？」という質問もあるでしょう。最終的には個人の好みで、今現在どのくらいタブレットなどを使っているかによって変わりますが、お子さんが「タブレットの辞書しか使いたくない」と主張しない限り、紙がオススメです。

タブレットや電子辞書の最大のメリットは検索の速さですが、小学生のうちは、スピードよりも、一文字ずつ追っていく訓練があったほうがいいと思います。

何よりも、アプリを使う、すなわちタブレットやスマホを使うことはデメリットが大きすぎます。言うまでもなく、使っているときに通知がきたり、他のアプリが気になったりするからです。単語を調べたついでにゲームを始めてしまう、ということが日常茶飯事になるかもしれません。

辞書アプリ以外にも、単語テスト・英語のゲーム・会話表現など、今は良いアプリもありますが、やはり「気が散る」という誘惑が大きすぎます。少なくとも、最初から使うことは避けたほうがいいでしょう。

さらに言うと、アプリは「どうしても英語をやりたくないという場合の奥の手」に取っておくのがいいのですが、それさえもあまり期待しないほうがいいでしょう。現状、小学校の英語でも割とゲーム的な要素があるので、ある意味、その延長線上にあるアプリでは打開策にならないことが多いと思います。もちろん、モノによっては美しいグラフィックだったり、工夫が凝らされていたりするものもありますが、大好きなものに出会う確率は高くはないでしょう。

このついでに話してしまうと、小学生の英語教材には有名なキャラクターがたくさん乗り出しています。書店に行けば、誰もが知るキャラクター・マンガとコラボして「○○と学ぶ英語」といったものが溢れています。大人の僕から見ると、「これ、キャラクター使用料にいくらかかるんだろう?」とか考えてしまうのですが。いずれにせよ、文字通り泣く子も黙るような魅力溢れるキャラクターたちをもってしても、すべての英語嫌いが治るわけではないので、アプリに過剰な期待はできないかなと思います。

話を戻して、まずは紙の辞書を試してみるわけですが、もしお子さんが興味を持たず、どうしてもタブレット・スマホがいいという場合は、「誘惑がない」という点で電子辞書はアリでしょう。広辞苑なども入っているので、何かと便利です。電子辞書は高校生から使うのがお勧めなので、そちらで説明します(196ページ)。

筆記体の意外な効用

筆記体が学校で教えられることはほとんどないと思います。以前は必修だったそうですが、僕が中学生のとき(1988年中学入学)は学校で習った記憶がありません。試験にも出ないので、特に自分から覚えようとも思いませんでした。

そんなとき、塾で英語を教えてくれた先生が「筆記体を使えると英語を書くのが速くなる」ということを授業の中でポロッと口にしました。この「速くなる」に僕は反応して、翌日から筆記体を覚えることにしました。ブロック体と似ているものが多いですし、苦労した記憶はありません。

そして実際に覚えると、英文を書くスピードが上がりました。筆記体が書きやすいように効率的に作られているというのもあるのでしょうが、今思うと、「あ、ここまで崩して書いていいんだ」という暗黙の了解を理解できたことが大きかったと思います。これについては筆記体習得の肝《きも》になるので、この後、詳しく説明します。

ブロック体と筆記体が混ざってもOK

筆記体を覚えるとき、無理に全部覚える必要はありません。あまり使わない大文字は無視してもいいですし、使いそうなものだけ覚えるのもアリです（TはTheで始まる文が多く、IはItで始まる文が多いので頻繁に使います）。小文字だけを覚えるなら負担はかなり減りますし、そもそもすべての文字を覚える義務はないので、小文字だってxやzを除外すれば、マスターするのに1時間もかかりません。ちなみに僕はその方式で、小文字は全部書けますが、大文字の筆記体は半分くらいしか知りません。

僕が勧めているのは、あくまで「英文を速く書くための筆記体」であり、決して「人に見せるための筆記体」ではありません。ですから実際には「ブロック体と筆記体が混ざること」もOKなのです。この「混ざる」には2つの意味があります。

1つめは「1つの単語の中でブロック体と筆記体が混ざる」ことで、たとえばteachという単語で、teaの部分はブロック体で、chだけを筆記体でつなげて書いたりしてもOKということです。

2つめは「1つの文字の中で混ざる」ということで、ブロック体ほどカチッと書くわけじゃなく、かといって完全な筆記体でもない書き方でOKだということです。1つの文字をやや崩して「筆記体もどき」で書くという感じです。

ちなみに僕は筆記体をマスターして以来、ずっとその書き方なので、「スタディサプリ」の講義か、ネットで「関正生　動画」などで検索していただければ、僕の筆記体もどきをご覧いただけます。昔は「ほぼ筆記体」で書いていたのですが、生徒から「筆記体は読み方がわからない」と言われ、ブロック体が崩れたような今の感じにしました。

アルファベットは崩して書くぐらいがちょうどいい

先ほど「『あ、ここまで崩して書いていいんだ』という暗黙の了解を理解できたことが大きかった」と述べましたが、これがどういうことかを説明します。

国語の漢字テストの場合、細かいトメ・ハネが違うとバツになります。その癖《くせ》で、アルファベットも妙にキチッと書きがちでしたが、アルファベットでは「そんなことしなくていいんだ」と思えたことで、力の抜きどころがわかって、英文を書くスピードが上がったのです。

英文を書くスピードが上がる、ノートをとるスピードが上がるというのは、小中学生にとって非常に重要なスキルであり、そこに無駄な時間を使わずに覚えること・理解することに集中でき、学習効率が上がるのです。

ちなみにそれを妨げるのが、学校の先生と保護者です。「ノートはしっかりとした文字でとるもの」という考えのもとに、ノートだけ綺麗で、学習効率が悪い子はものすごくたくさんいます。あくまでノートはメモにすぎません。また、保護者からは「ノートが綺麗じゃないと復習できない」という意見も出るのですが、小学生が英語で復習をきっちりやることはあまりないでしょうし、内容のレベルから考えても「授業内で集中すること・理解すること」のほうが圧倒的に重要です。

動画で僕の文字を見ていただければ「あ、こんなに汚くてもいいんだ」と思えるはずです。僕は綺麗に板書するのはムダだと考えています。教える側が綺麗に書くとそれは生徒にも伝染してしまい、生徒がノートを書くのにすごく時間がかかってしまうのです。英語の授業は英語に集中すべきで、ノートを書く時間なんて少ないほうがいいのです。

ですから「完全な筆記体」にこだわることなく、「ブロック体が崩れたもの」くらいで十分でしょう。そしてテストのときだけ、いつもより少し綺麗に書けば十分です。アルファベットを崩して書く小学生はほとんどいないと思うので、担当の先生によっては何か言われるかもしれませんが、入試を含め将来的にはまったく問題ありません。みなさんもネイティブの文字があまり綺麗ではないのを知っていると思いますし、海外の大学の動画を検索してお子さんに見せてあげてもいいと思います。

筆記体で勉強のモチベーションが上がる子もいる

「速く書ける」という筆記体の隠れたメリットをお話ししましたが、言うまでもなく「カッコいい」ということも挙げられます。数は多くないものの「筆記体がカッコいいから」という理由で英語の勉強に興味を持ったという話を何人かの生徒から聞いたことがあります。

ですから英語の勉強に行き詰まったり、モチベーションが下がったりしたときに、筆記体で「遊んでみる」のもアリでしょう。無理に覚えるのではなく、筆記体で書かれたものを見せたり（ネットで探せます）、自分の名前だけ筆記体で書けるようにしてみたりするのは楽しいものです。特に名前は自分のサインが手に入ったような感覚になるのか、小学生ウケは抜群です。

大人向けの筆記体の練習帳も書店にあるので、親子で一緒に練習するのもいいでしょう。最近はネイティブでも筆記体を書けない若者がいたりするので、意外なところで話のネタになるかもしれません。

小学生に資格試験は必要？

英語の資格試験については、「利用できるものはしたほうがいい」と思います。「英検」が一番受けやすく、内容も中学校以降の勉強にリンクしやすい（中学生であれば特別な対策なく、普段の勉強の延長でＯＫ）です。

あくまでお子さんの「モチベーション維持」として利用するのがベストです。中には英検に強くハマって、その勉強を中心にする子も出てきますが、それはそれで良いことだと思います。実際、英検に合格したときにもらえる合格証がカッコいいので、やる気もなく受けてみたけど、それを見たときに「次もがんばろう」と思う子はそれなりにいると思います。

ただ、現状は「保護者間のマウント合戦」の材料になっているきらいがあるので、そこに巻き込まれないように注意してください。カフェでの談笑で「○○ちゃんはもう3級に受かったらしいわよ」「○○君は準2級だけど、どこで勉強したのかしら？」という声を聞いたことが何回かあります。その言い方は、純粋な疑問ではなく、かなり焦った言い方に聞こえました。どちらの場合も、お子さんたちは無言で、「引いてる」状態でした。これは良くないことですので、もしそれにお子さんを巻き込んでしまうくらいなら、受験しないほうがいいと思います。

確実に受かるところから始める

英検などの資格試験を受ける場合、合格自体で何か得することはないでしょう。たとえば「小6で英検準2級を持っている」なんてすごいことですが、英検準2級自体は大学受験生なら普通のことですし、英語力に関してはそこまで大きな意味を持ちません。

もちろん「小6で英検準2級なら、中学で2級、もしかしたら準1級まで」と考えがちですが、意外とそうはならないというのが僕の実感です。中学に入って、部活や他の科目で忙しくなる、そして何よりも丸暗記英語が通用しなくなることにより、壁にぶつかるなど、色々な原因が考えられます。そういった原因は後ほど詳しく話しますが、ここまでお読みのみなさんなら、「早期英語教育がうまくいかなかったんだな」と、ある意味、「よくあることだ」と納得してもらえるかもしれません。

ですから、「合格」そのものを目標にするというよりは、「合格して英語へのモチベーションが上がり、普段の勉強に少しでも真剣に取り組むきっかけ」として利用するといいと思います。

極端なことを言えば、「英検があるから、試験直前の1週間だけはちゃんと勉強する」「合格したのが嬉しくて、その後の1週間だけはまじめに勉強する」くらいであっても、受ける価値は十分にあると思います。

大人の話になりますが、僕はTOEICテスト対策で同じことを話します。「とりあえず申し込んでしまえば、1週間は勉強します。当日は2時間（試験時間）集中して濃密な勉強ができます」と。さらに「当日の出来が悪ければ、帰りや翌日から真面目に勉強すると思います。1週間続けば儲けものです。また、3週間後にスコアが出たとき、良くても悪くても勉強するでしょう」と。「勉強のきっかけをこれだけつくってくれるなら、1回の受験料（約8000円）は投資だと思っていいでしょう」と話します。

小学生の英検もこれと同じだと僕は思います。保護者から見れば「せっかく申し込んだのに全然勉強しない」ように見えますが、3日も勉強すればOKと考えてもいいのではないでしょうか。

また、受ける級ですが、このように「モチベーションアップ」が目的ですから、「確実に受かる」級を受けるという出来レースで十分です。つい欲張ってしまいますが、確実に受かる級を選択してください。お子さんは手ごたえ十分な強敵をギリギリで倒す、マンガのような展開を英語の勉強には期待していません。「楽勝すぎてつまんない」くらいでまったく問題ありません。

小学校卒業までに5級、できれば4級といったところで十分です。ヨソの子の級なんてどうでもいいのです。

「つまずく」ことは問題ではない

英語に限らず、算数の話でもよく聞く保護者の言葉に「つまずかないように」というものがあります。確かに「お子さんがつまずかないように」と心配する気持ちはわかります。しかしその過剰な心配と、心配だけならいいのですが、良かれと思って言ったこと・やったことが、かえってマイナスの結果をもたらすということもあるのです。

「つまずき＝悪」という思い込みが広まっていますが、そもそも「つまずき」はそんなに恐れるものなのでしょうか？　確かに負の側面が強いのですが、「つまずき」は「つまずき」であって、即「失点」でも「不合格」でもないのです。

みなさんの周りに「つまずきが原因で、そこから英語ができなくなった人」はいるでしょうか？　もしいるなら、どういうつまずきがどう作用して英語ができなくなったのか、詳しく知っているでしょうか？　身内でもない限り、その辺のことは知る由もないですよね。

逆のケースで、「英語ができる人」は思い当たりますか？　その人が「つまずかなかった」という確証はありますか？

英語に限らず、他の科目でもスポーツでも芸事でも、つまずかないで上達することなどあるのでしょうか？　きっと何度もつまずいて、その度に乗り越えてきただけだと思います。

ですから、「つまずき」自体は問題ではないのです。「つまずき」を文字通りに解釈してみましょう。何年も前、まだお子さんが歩き始めたとき、安易に手を貸さなかったことと思います。つまずくお子さんを見守りながら、もちろんときには手を貸すこともあったでしょうが、常に手を貸してしまっては、立ち上がることもひとり立ちすることも、さらには再び歩き出すことも遅れてしまうと思ったのではないでしょうか。

それが英語の勉強になると過保護なまでに手を貸して、その結果、起き上がれなくなってしまうかもしれません。「つまずく」ことより、「つまずいて立ち上がれない・後に尾を引く」ことが問題なのです。

「つまずかないように」と心配すると、過剰に口を出しがちになります。それはお子さんにとってノイズになったり、プレッシャーになったりします。そんな中で英語に集中したり、まして楽しんだりすることなんて不可能です。それどころか失敗を恐れて勉強そのものをやめてしまう、挑戦しなくなるということにつながるのです。

また、「私はそんなに口うるさくないですよ」と言う方も注意してください。口に出さなくても、怖い顔になっていたり、心配が顔に出たりするものです。その空気は必ずお子さんに伝わります。

保護者にとって一番大切な役割とは？

「つまずいても立ち上がること」、つまり「壁にぶつかっても英語を諦めない・嫌いにならない」ためには、保護者のみなさんの認識を変えることが必要です。つまずきが悪いものだと思わない、そして「いつか必ずつまずく。しかも何度もつまずく」と覚悟しておくことです。

学習が進めば順調にいかないのが当たり前です。たとえば英検で考えるとわかりやすいのですが、英語の勉強を始めて少しすれば5級に合格できるでしょう。そこから間もなく、トントン拍子で4級、3級ということも珍しくはありません（もちろんそうでなくても心配は不要です）。

しかし準2級あたりから急にペースダウンすることはよくあります。学ぶべきことが増えていきますし、他の科目や勉強以外の興味やらで、そうなるのは当然なのです。そしてそのところが保護者の目からは「つまずいている」ように見えてしまうのです。

心配がお子さんにも伝わり、「自分は転んでいる。自分にはできないんだ。どうしていいかわからない。心配されたくない」などの葛藤の中で、ますます勉強に手がつかなくなるのではないでしょうか。

今までやったこと（スポーツでもキャンプでもゲームでも）の中から、「レベルが上がれば時間がかかる」という世の中の真実を教えてあげてください。ちなみに僕個人はロールプレイングゲームのレベルアップが一番しっくりきます。

その真実、もしくは英語の世界の全体像をぼんやりとでも見せてあげること、もっと言えば「安心させてあげること」が保護者の方の一番大事な役割であり、お子さんが英語に対して〝拗《す》ねて〟しまったときにできる最善の策だと思います。

このように、保護者のみなさんは考え方を変えるだけです。でもこれが難しいのです。難しいことですが、実際に悩み、苦闘しているお子さんよりは実行しやすいことだと思います。なんとか「つまずき」の呪縛《じゅばく》から解放されるきっかけになれば幸いです。

また、そうはいっても中学入学を意識しだす小6の冬あたりから「中学英語についていけるでしょうか？」とか「今は何を準備しておけばいいのでしょうか？」といった質問が増えるので、あくまで「つまずくのは当たり前」という前提ではありますが、次の章で中学英語についてより具体的にお話ししていきます。

第4章

中学英語は「読む」に力を入れる

環境や気持ちの変化を意識すべし

「中学英語でつまずくのでは?」という心配は、英語の得意・不得意に関係なく多くの方が口にします。特に英語が得意なお子さんの保護者ほど「今は問題ないけど、中学でつまずいたらどうしよう?」と不安になるようです。ですから、ここではつまずきの原因と対策を色々とお話ししていこうと思います。まずはお子さんを取り巻く環境に関するものからです。

小学生から中学生になることは、単に年齢が1つ上がる以上の意味を持つことは言うまでもありません。物理的な時間の制約、精神的な成長などを考慮せず、単に「小学6年生の英語の1学年上」と単純に考えることはできません。こう言ってしまうと無駄に不安を煽《あお》ることになるかもしれませんが、大事なことは、むやみに不安にならず、焦らず、原因を特定していくことです。

また、「100%成功してほしい」という理想も捨ててください。勉強である以上、何かしらの壁があるのは当然のことです。それなのに、なぜか英語だけは「スムーズに進む」「英語が好きで自主的に勉強し続ける」という理想、いや、もはや幻想が広まっています。保護者としてやれることを「具体的に」行うことが大事で、それが少しでも効果を発揮すれば良しとしましょう。「完璧」を求めるときの保護者側の焦りはお子さんに気づかれ、プレッシャーになりますから。以上を踏まえた上で、つまずく原因を具体的にお話ししていきます。

✓「求められるもの」が小学生英語と違う

「〝小学校での英語〟が得意」というのは、ややもすると、歌やゲームに積極的に参加したり、堂々と英語で自己紹介ができることによるものだったりします。そういった自信ある態度は確実に評価されるのですが、これが中学英語となると少し事情が変わってきます。筆記試験が中心になるので、少なくとも試験では度胸・愛嬌《あいきょう》は評価されません（「普段の授業態度」という点で通知表での評価にはつながりますが、テストの点数自体には関係ありません）。このギャップにより、小学校のときは英語が得意だった子が、中学で自信をなくしてしまうことがあります。

対策

お子さんが社交的で積極的に授業で発言するタイプなら、「求められることが違う」ということを明確に伝えてください。お子さんが好きなものにたとえて伝えるといいでしょう。ダンスやゲームやスポーツなど、同じ競技であっても時と場によって審査基準が違うということを例にするわけです。

また、英語を使う積極的な姿勢自体は間違いなく素晴らしいので、仮に筆記テストの点数が低くても「自分は英語ができなくなったんだ」などとは考えず、その姿勢は授業中や課外活動で活かすようぜひ教えてあげてください。

✓一気に大人びる

小学校から中学校に上がると、算数は数学になり、他科目も名称は変わらなくても明らかに一段階難しくなります。

もちろん英語の内容も難しくなるのですが、英語の授業でのアクティビティはそこまで大きく変わらない気がします（これは担当の先生の方針によって大きく違うのですが）。授業中のゲームの頻度は小学校より下がるものの、ゲーム自体は小学校英語の延長だったりするのです。

しかし中1ともなれば、かなり精密なゲーム機を知っているでしょうから、さすがに授業でやるゲームに夢中になることはないでしょう。少なくとも小6から中1における精神面での急激な変化・成長に比べて、英語の教科書の内容や授業での変化が追いついていないとでもいうか、子どもの気持ちの成長が上回ってしまうのです。

それにより授業でのアクティビティを幼稚に感じたり、恥ずかしく思うようになったりするのです。みなさん自身の経験で考えても、「自己紹介しよう」「好きなものを語ってみよう」「自分の家族について話してみよう」という課題に積極的に取り組む思春期真っ盛りの中学生は決して多くないとわかるはずです。

対策

思春期に関することは、もはや英語の問題ではないので、そもそも有効な対策が存在するものでもないでしょう。

僕自身のことを言えば、中1のときにみんなで声を合わせてゆっくり英語を読む（英語のリズムも台無し）授業スタイルに嫌気がさして授業態度も悪かったために、中間テストで100点、期末テストで98点でも通知表は4でした。残念で悲しかったものの、あまり大人の言うことを聞かなかったというか、信用していなかったので、「まあ仕方ない」と割り切れました。そういう意味では反抗期も役立つことがあると思います。何より、今現在こうして英語を仕事にしているので、一時の学校の成績が悪くてもまったく問題ないと教えてあげてください。

もう1つ挙げると、僕は「英語ってカッコ良いもの」だと思っています。おそらく老若男女問わず、多くの人が最初はそう思っていたのではないかと思いますが、実際に授業中に英語を使ってやらされることが「あまりにカッコ良くない」気がします。とは言え、そこは担当の先生の好みや相性があるでしょうし、そもそも学校という集団行動の場で、生徒各自がそれぞれカッコ良いと思うものだけをやるのは不可能なので、せめて授業以外の場で「英語ってカッコ良いんだな」と思える場面をつくってあげてください。海外旅行や英会話の場を設けるのが理想ですが、英字新聞や好きなアニメの英語版コミック（大型書店の洋書コーナーにあります）、好きな映画の決め台詞《ぜりふ》だけを英語で聞かせてあげるなど、あまりお金をかけず、今すぐにできることもたくさんあります。また、現代ならではの方法として、オンラインゲームで英語のチャットに挑戦させてみるというのもあります。

✓時間がなくなる

他科目も忙しくなり、英語に割ける時間が減ってしまいます。また、勉強以外のことにも多くの時間をとられます。部活が始まったり、友人関係が変わったり、スマホを持たせ始めるご家庭も多いでしょう。ゲームやマンガなども、内容がより複雑になるために多くの時間を使うようになるでしょう。

対策

僕個人の意見になりますが、ゲーム・マンガが悪いとは思いません。やっぱり楽しいですからね。「勉強の敵」とみなすのではなく、必要な娯楽とみなしたほうがいいと思います。

また、勉強そのものについては「バランスを重視しない」ことが大切です。「バランス良く」は理想ですが、実際にはたくさんの科目の予習・復習をすべてきちんとこなすのは不可能です。

ここで保護者の方から「毎日の積み重ねが大事だから」といった正論がよく出るのですが、現実的にはよほどの管理能力と学力がない限り無理です（僕にはまったくできませんでした）。できないものを追い求めるより、できることを確実に増やしていくべきだと思います。「できること」が何なのかは、学校の進度・担当の先生の方針（宿題が多いかなど）・お子さんの興味を優先して考えていってください。

さらに、他科目とのバランスだけでなく、英語そのものでもバランスをとらないほうがいいのも小学校のときと同じです。これは後ほど詳しくお話しします（172ページ）。

単語を気にしすぎず、文法に力を入れるべし

前項は環境や気持ちの面での変化に注目したわけですが、今回は英語そのものにおける、つまずきの原因とその対策例を挙げていきます。

（1）単語関係が原因になるもの

✓単語テストが重視されすぎる

中学に入ると、急につづりが重視されることがあります。定期試験でのつづりはもちろん、普段の単語テストが重視されることもあります（試験で点数が取れない子への救済策という側面もあるのですが）。小学生のときに細かいつづりで注意されたことがないと、中学で

は毎回の単語テストで辛い思いをしたり、それがきっかけで英語自体が嫌いになったりすることがあるかもしれません。

対策

確かに単語のつづりは大切ですが、そこばかりに意識がいくのも考えものですし、何よりも「つづりを正しく書く力＝英語力」ではないことをお子さんに教えてあげてください。日本語で言えば、漢字の力がそのまま読解力になるわけではありませんし（もちろんある程度は比例しますが）、どんなに優秀な人でも漢字のミスくらいありますよね。

また、僕の中学校ではスペリングコンテストが大々的に開催され、優秀者は朝礼で表彰されていました。ちなみにそこで表彰されていた人よりも、僕のほうが定期試験の点数も実力試験の偏差値も上でした。彼ら彼女らの努力は表彰に値するものであったことは間違いないのですが、あくまで単語力がそのまま英語力になるとは限らないことを知っておくのもいいかと思います。

以上に関して、当てはまらないケースが3パターンあります。1つめは「単語をやりたくない」という言い訳に使われる場合です。それを防ぐために、本当につまずいたときだけに伝えるようにしてください。

2つめは、仮に英語の点数がいまいちでも、単語テストに楽しそうに取り組んでいる場合、少なくとも苦痛ではなさそうに見える場合は、あえて「つづりにこだわらなくてもいいんだよ」と言う必要はありません。この辺は性格にもよるので、本人が納得したやり方が一番です。

最後は、単語テストが効果を発揮するケースもあります。英語自体が苦手な中学生の打開策として、こういった小テストを利用するのは素晴らしいことです。努力の量だけで結果が出るので、「英語が苦手だったけど、単語テストをきっかけに成功体験を重ねられた」という場合もあるでしょう。

✓ローマ字とのギャップに苦しむ

単語のつづりが苦手になる一因として、小学校で習ったローマ字とのギャップについていけないで混乱してしまう中学生も少なくありません。

あまり知られていないことですが、「ローマ字が邪魔をする」というものです。ローマ字にとらわれてしまい、英語が読めないことで悩んでしまうのです。ローマ字と英語の違いなど小学生が気づくわけもないのですが、教える側も気づいていない、少なくとも意識していないのが現状です。実際、その違いをきちんと説明されたことがある高校生は、僕が1万人にとったアンケートでは1人もいませんでした。

対策

そもそも「ローマ字と英語のつづりは違うもの」ということを伝えてください。

ローマ字は宣教師が日本にキリスト教を広めるために使われ、日本語を知らない宣教師が、ローマ字で書かれた文献で教えを説いたそうです（16〜17世紀のことで、英語ではなくポルトガル語に準じています）。幕末には英語に準じたヘボン式ローマ字が使われました。これも聖書を伝えるためのものだったそうです。

現在、ローマ字には日本の固有名詞（人名や地名など）を英語圏の人に読んでもらうための役割があります。

ですから、「ローマ字は英語」だと信じてしまっている純粋な小中学生に対して、「ローマ字はローマ字であり、英語とは別物。確かに重複することもあるが、あくまで別物で、英語の授業では日本人の名前や地名を書くときにしか使わない、くらいに考えたほうがいい」ということを教えないといけないのです（英語の授業以外ではキーボードのローマ字入力で役立ちます）。この事実が完全にスルーされているのが現実で、「ローマ字ありき」で英語に取り組むと苦労するのも当然でしょう。

また、英単語のつづりは「そもそも不規則」だと教えないといけないのです（本当は学校の役割なのですが）。確かに、つづりには一定の法則はあるのですが（「フォニックス」と呼ばれます）、中学で出てくる基本単語には例外が多く含まれているため、その規則はうまく教えないと逆効果になりかねません。個人的にはフォニックスは素晴らしいものであり、自著でも活用していますが、中1に教えて効果を出すには教える側にかなりのスキルが求められるので、手を出すことはあまり勧めません。

✓保護者が気にしすぎる

テストでつづりのミスがあると、「もったいない……」とガッカリする保護者の方が、すごく、ものすごく多いのです。「ウチの子はケアレスミスばっかりで……」と口にする保護者の方も多いです。

実は、それがお子さんにとってプレッシャーになったり、「自分はケアレスミスをする」という暗示をかけてしまったりすることもあります（その場合、さらにミスが増えます）。

対策

このような保護者側の責任は指摘されたことがないと思うので、ぜひこれを機会に留意していただければと思います。英語面だけでなく、良好な親子関係においても、非常に重要なことだと思います。

余談ですが、塾の面談で、ケアレスミスばかりを責められて萎縮《いしゅく》してしまっている生徒（高校生でしたが）の保護者の方に、「お母さんはケアレスミスをしたことはないのでしょうか？」と言わせてもらったこともあります（ムッとされました）。そもそも、人間にケアレスミスはつきものですよね。1つのミスが重大なことを引き起こすならまだしも、たかだか英単語のつづりを間違えたところで日常生活に支障は出ないのですから、中学生に完璧さを要求すること自体が酷でしょう。ついでに主観で言わせてもらえば、中学生男子なんて不注意の塊《かたまり》みたいなものです。

まずは「保護者側がある程度は諦める」ことが必要です。少なくとも、普段の勉強のとさから「気をつけなさい」とうるさく言うのはご自分に禁じたほうがいいでしょう。同じことを何度も言えば効果が薄まりますし、小言にしか聞こえないので、英語自体が嫌いになってしまうかもしれません。特に子どものときに多いのですが、「英語が嫌い」なのではなく、「英語を勉強しているときの親の姿が嫌い」なのです。これは「英語」を「ピアノ」などに置き換えてもいいでしょう。

普段の単語テストでのミスも責めないことです。「私もよくミスしたよ～」くらいの余裕と、おそらく「本音」があるほうがいいと思います。

さらに定期試験本番でミスしても流してあげていいと思います。一番悔しいのは本人ですから、保護者がとどめを刺す必要はありません。また、ケロっとしていても放っておきましょう。中2、中3、高校受験前の模試などで、いつか「悔しい」「もったいない」と自分が感じたときがベストだからです。痛い目に遭ったと実感すれば、気をつけるようになります。ちなみに僕は中1の国語の試験で「石川啄木《たくぼく》」と書くときに「啄」の字で線を1本多く書いてしまい、99点になったことがありました。しかも先生には「よく見て採点してるだろ」と、ある意味、心無いことを言われたからか、それ以来30年以上その字を書く機会はないのに、いまだに鮮明に覚えています。多分、一生間違えないでしょう。

逆に、もしミスで落ち込んでいるなら、「将来はそこまでつづりを重視しないから」と冗談交じりに励ましてもいいかもしれません。極端な話なのですが、以前、超有名外資系企業に勤める知人がWednesdayのつづりを忘れていたことがありました。僕が「マジか?」と言うと、「仕事では曜日を使わない。もし曜日を使うと、今週か来週かで誤解が生じるから、必ず日付を使う」と言われて、妙に納得したものです。

また、考えてみたら大学入試の自由英作文でWednesdayを書く場面なんてほぼありません。もちろんこういったエピソードだけで「Wednesdayなんて書けなくていいですよ」とは言えませんが、学校では聞けない話としてあくまで冗談半分で、とある英語講師が言っていたと話してもいいのではないでしょうか。

(2) 文法が原因になるもの

✓文法という「理屈」に慣れていない

出てきたフレーズ・表現を覚えることで小学校で評価されてきた子ほど、語順の説明や、品詞という発想に戸惑うかもしれません。

対策

「英文法というものは理屈でできている。確かに例外もあるけれど、まずは文法を理解することが大切」ということを小学校の段階で伝えておくといいでしょう。「こういう決まり」という丸暗記式の説明は避け、理屈や成り立ちをきちんと解説する教材を取り入れていくべきだと思います。これは次に出てくる「対策」と同じになるので、そちらも参照してください。

✓文法の威力を知らない

丸暗記式の英語に慣れていると、「なぜ文法をやるのか」「どんな効果があるのか」がないがしろにされてしまう場合もあり、そうなると「英語の勉強は無意味なことをするもの」と思い、勉強のモチベーションが下がってしまうでしょう。

対策

英文法の威力についてはすでにお話しした通りです。文法を理解することで、意味の違いが明確にわかったり、無駄な暗記が減ったり、何よりも「きちんとした英語」を使いこなせるようになります。それを実感したときに初めて英文法に真剣に取り組むようになるでしょう。

また、文法を駆使することで、「見たことがない英文を自力でつくり出す」ことができるようになります。小学校の英語では「一度見た英文を覚えておく」ことで大概は対処できます。たとえ自己紹介のような千差万別に見える英文であっても、I love ○○. の○○に相当する部分の単語を入れ替える程度です。これは文法の力ではなく、単語の力です。小学校では重視されなかった（ある意味、必要なかった）文法の威力を理解することで中学・高校英語の壁を乗り越えることになります。

以上、色々と話しましたが、最後に大事なことを強調しておきます。本当に気をつけるべきは保護者のみなさんの行動です。お子さんが壁にぶつかったとき、一番苦しいのは本人です。そこで、保護者の方がうろたえたり、取り乱したり、ましてや責めたりするのは避けないといけません。また、何も言わなくても態度や表情に出るものです。たかが英語です。その場で解決しないといけないものはないのですから、1年スパンで長い目で見て対処していってください。中学英語の分量は少ないので、1年程度の遅れはどうってことはありませんが、一度「英語嫌い」になってしまうと、それこそやっかいだからです。気楽に、気楽に。

中1からが本当のスタート

僕の考えでは「小学校では余計なことをしない・中学校では一気にギアを上げる」というのが英語をマスターする最善の流れなので、いよいよ中学では本格的に英語の勉強を始めていきます。

その際、公立中学と中高一貫校の違いが気になるかもしれません。中学受験組は算数と国語は相当勉強しているのでスタート時でかなりの差になってしまうかもしれませんが、英語を受験科目にしている学校は（増えてはいるものの）まだ全体としては少なく、中学入学時点では公立と中高一貫の生徒に違いはありません。ですからやっていくことはまったく同じです。

ただし、公立の場合は学校のカリキュラムが緩いので、どんどん先取りしておきたいところです。難しいと思われているところもありますが、そもそもカリキュラムが全体的に緩いので、たいしたことのない内容でも難しく見えてしまうだけです。たとえば「3単現のs」が「中1英語のつまずきポイント」と言われますが、あんなものは（他の科目でやっていることに比べれば）難しくもなんともありません。

また、中には「中学受験をする家庭では英語の勉強もしっかりやっているはず」と心配する方もいるでしょうが、熾烈《しれつ》な中学受験で、受験科目にない勉強をしっかりやることは現実的には不可能ですし、ここまでお読みになったみなさんであれば、仮に英語をやったところで必ずしも有益なことをやれた家庭はそう多くないとわかるはずです。

昔も今も、中1からが英語の勉強の開始だと考えて問題ありません。むしろ、最近はフライングして失敗する人が増えた印象さえあります。中1からのスタートで、大学受験、それ以降の英語力養成に十分間に合います。

中高一貫校との差が気になる方へ

もしかしたら今、軽く流した「中学受験組とは算数と国語で差がついている」ということが気になった方もいるかもしれませんが、英語講師として僕からぜひお伝えしたいことは3つです。

✓スタート時点の差は仕方ない

中学受験では「夜中2時まで勉強した」というエピソードは珍しくありません。そこまで頑張ったわけですから、すでに差があるのは仕方ないことです。僕自身、中学受験とは無縁であり、そのシステムすらまったく知らずに勉強時間ゼロで毎日遊んでいましたが、それはそれで良い思い出ができたと満足しています。

✓なぜかしっかり追いつける

僕自身の経験からも、また予備校での講師経験からも、「なぜか追いつけてしまう」ものです。もちろん「東大理Ⅲに入る」とか「東京医科歯科大学に現役合格」といった超難関レベルになるとかなり厳しいですし、中高一貫に通った人が大学受験で強いという数字はありますが、中高公立から大学受験で結果を残すということは決して特別なことではありません。やればできます。それをお子さんにも伝えて安心させてあげてください。

✓ 英語で点数を稼ぐ

「それでもまだ不安」というなら、ぜひ英語を武器にしてください。そのために今、この本を手にしているとも言えるわけですから。

公立と中高一貫の比較は一概にできるものではなく、学費・電車通学・それまでの友人関係など様々な要因が絡みあっているのですが、公立と中高一貫の大きな違いが「高校受験の有無」なので、ここに話を絞ります。僕が語ることは一面的ではあるものの、世間では語られていないでしょうから、きっと参考になると思います。

高校受験に関して、世間では「中高一貫に行けば、高校受験を気にせず伸び伸びと勉強できる」というメリットばかりが言われますが、僕はそうは思いません。高校受験にはメリット・デメリットの両方があり、それを考えると公立と中高一貫のどちらがいいかは、家庭の方針・本人の意思、そして何より本人の性格によって違うのです。

これから中学受験を検討する方は検討材料になるでしょうし、お子さんがすでに中学生になっている方もメリット・デメリットを認識しておくことは必ず役立つはずです。

高校受験のデメリット

まずデメリットを先にお話ししますが、やはり「高校受験のレベル」が目標になってしまうことです。英語の勉強（他の科目もそうですが今は英語だけに触れます）はその後も続くのでどんどん進めていくべきなのですが、どうしても「受験レベルがゴール」になってしまい、それ以上に進むにはかなりの心の余裕が必要です。つまり、「英語ばっかりやっていては他の科目が不安になるので、英語の勉強をそこそこで止めてしまうのが普通になる」のです。

ここで特に気をつけてほしいのが、高校受験で公立高校を受ける場合です。公立高校の入試問題は簡単すぎるのです。あくまで教科書の範囲内で、「学校の勉強をしていれば満点が取れる」という方針のもとにつくられているのでしょうから仕方ないのですが、ある程度の学力がある子にはかえって迷惑なほど簡単です。これを中3終了時点のゴールと考えてしまうと、そのツケは高校にまわり、実際には挽回不可能になりえます。

高校受験の現実として、公立であれ私立であれ、ある程度の偏差値以上の高校を目指す場合、塾に通ってできるだけ高いレベルを目指す、言い換えれば公立の問題を基準にしないで勉強を進めることになります。公立の問題をターゲットにしてしまうと、私立の問題にまったく対応できないからです。

僕自身が中学生のときは完全に塾のテキストの勉強を進め、公立の対策は1秒もやりませんでした。問題が簡単すぎて時間の無駄だからです。高校受験当日も、英語の試験（制限時間50分）をのんびり解いた僕は開始15分ですべて終えましたが、顔を上げると半分以上の受験者は机に突っ伏して寝ていました。僕は自己採点で満点でしたが、他の受験者も同じだと思います。これは30年前の話ですが、基本的に変わっていないはずです。

その現状がマズいと考えた一部の公立高校は独自入試などを取り入れています。たとえば東京都は「公立であっても独自の問題をつくる（その高校の受験者に合った問題をつくる）」ということを何年も前から採用しています。また、大阪府では3つのレベルの問題があり、高校によって選ぶ形式になっています。実際、その中で一番難しいレベルはなかなか手強《てごわ》い問題が並んでいて、僕が中学生だったら少なくとも15分で終わることはない内容で、とても良い傾向だと思います（個人的にはもっと難しくてもいいと思いますが）。

ただ、そのような対応はあくまでほんの一部に限られているので、現状、大半の都道府県では依然簡単なままです。学力が平均的な中学生には良いのですが、ある程度以上の学力の中学生は「公立の問題がゴールとして十分」だと思ってしまうのです。これは本当に大きな問題だと思います。

特に地方の場合、塾へ行っても「公立最重視」ということがよくあります。県内トップの高校を目指すクラスでも、ひたすら簡単な問題を繰り返し、「いかにミスをしないか」「絶対に満点を取る」勉強を強いられているのです。それはそれで「ケアレスミスをしない」という能力が身につくのですが、絶対的な英語力でかなりの差ができてしまいます。

ちなみにそういった中学生や、そもそも塾に通う余裕がないという中学生には今なら映像授業が豊富にあります。オンライン予備校「スタディサプリ」では、僕は中学生向けの講座も担当しています。その中の「中2応用」「中3応用」という講座では、「学力上位・公立一本のみ受験・塾に通わない」中学生を想定して「現実」を教えています。「学校の試験なんてできて当たり前・簡単すぎてつまらない」という中学生に向けて講義をしています。完全に僕個人の理想を追求した講座で、ここまで学校のレベルと進度を無視した映像講義はおそらく他に存在しないと思っていますが、「僕自身が中学生で、もし塾に行ってなかったら絶対に聞きたかった」という講義です。

さらにこの講座では2015年の時点で「学校では仮定法はやらないけど、中学生は知っておいたほうがいい」ということまで話していたのですが、2021年から中学校の教科書に仮定法が載ることになりました。僕の考えが間違っていない、むしろ先を行っていた、という証明になると自負しています。

高校受験のメリット（その1）

中高一貫の話になると、高校受験が完全なデメリットと捉えられることが多いのですが、もちろんメリットもあります。ここでは僕が特に大事だと思う2つのことを挙げます。

1つめは「目標を持って英語の勉強ができる」ことです。公立入試のレベルをゴールだと思ってしまうデメリットは今述べた通りですが、その目標さえ誤らなければ、つまりきちんと目標を定めることができれば、受験日当日に向けて猛勉強する、これ以上ないきっかけになります。

特に私立の中高一貫校では、中学受験を頑張って入学はしたもの、高校受験のプレッシャーがないために勉強に手を抜いてしまう生徒が必ず出てきます。高校入学も募集する学校の場合、「中学受験入学組」と「高校受験入学組」で明確な差が生まれてしまうのです。もちろんその差は個々で違うのですが、以下によくある例を示します。

まずは超進学校によくあるケースです。高校入学組は高1の段階で、ついこの前まで猛勉強していたおかげで基礎力はバッチリです。超トップ校ならすでに英検で言えば2級の力はあるので、準1級レベル（難関大学がこのレベル）になるのは時間の問題と言えます。

しかし中学受験して高校に内部進学したクラスの中には、中学のときから見れば何年も先の大学受験にまだ本気になれず、すっかり英語をサボってしまう子が出てきます。もちろん進学校なので大半の子は相当の英語力をつけていますが、落ちこぼれてしまっている子も散見されるのです。

次は中堅校によくあるケースです。中学受験組は学校からの厳しい課題をこなしてきたために全体的に英語力が高めです。特にどの科目よりも英語に力を入れる学校は多く、しかも単語テストなどを頻繁に行うために、中堅校（そこまで偏差値は高くない）と言われながらも、大学受験用の単語帳を1冊終わらせている生徒もたくさんいるのです。

こういった学校の場合は、内部進学組のほうが総じて英語力が高いことになります。高校入学組は、中堅校であるがゆえにそこまで高い偏差値、つまりはそこまで高い英語力を要求されずに入学してきたからです。

たった2つの例だけで結論づけることはできませんが、ここで言えることは「偏差値が高く入試の難度が高い高校を受けるならば、それに合わせて勉強するきっかけになる」というメリットがあります。

高校受験のメリット（その2）

高校受験自体が「貴重な経験」になります。中学受験の場合、そもそも受験をすること自体も、どの学校を受けるかなども保護者の影響を強く受けるはずです。受験校の選択肢もまずは保護者が選別した上で提示することになるでしょう。

これが高校受験になると、もちろん家庭によって違うものの、主導権はお子さん本人に渡されます。また、小学6年生と違って中3になれば、自分の将来というものが見えてくることも多々あります。保護者が何を言おうが、自分の今の学力・これからの努力・理想の高校生活・その先の進路など、自分のことを考えざるをえないのです。もちろん中には「制服がかわいいから」とか「友達が行くから」とか、保護者としては口を挟まずにはいられない理由も出てきますが（その是非はここでは議論しません）、そういった理由も「自分の中から出てきたもの」なのです。きっと、人生で初めて自分の進路を真剣に考え、自分で選ぶ機会になるのが高校受験なのです。

僕自身、中3のときに塾には行っていたものの、特に真面目に勉強するわけでもなく、進路にもあまり関心がない、という中学生だったのですが、教室にあった高校案内を友達と見ながら、制服・校則・立地・スポーツの強さなどを見ながら「どこ受ける?」などと話すのは楽しかった記憶があります。

また、いつも遊んでいた友達間でも多様な価値観があることに驚きました。「電車通学したいから」「帰りに吉祥寺で遊べるところ」など色々な意見が出ましたし、特に仲の良かった友人は「アメフト部があるから中央大の付属」と言って合格、後に東大に行った別の友人は「学ランが絶対条件」と言っていました。そんな選び方もあるのかと思ったもので、30年以上経った今でも覚えています。どんな理由であれ、お子さんが自分で選んだものというのはその子に責任感を持たせて成長させる機会になりえるのです。

「バランス神話」に振り回されない

世間でよく言われる「4技能をバランスよく勉強しよう」という発想は効率が悪いということはすでにお話ししました。これは中学生でも同じで、下手にバランス良く4つの技能に時間をかけると、どれも中途半端になる可能性があります。「バランスを重視した勉強」というのは、見栄え・響きが良く、親受けは抜群なのですが、実に優等生的な勉強法であって、ほんの一部の優等生にしか合わないのです（僕の感覚では成績が上位1％の生徒だけ）。とても万人向けの勉強法とは思えないというのが僕の考えです。

ただし、好きな技能に全振りできた小学校時代と違うのは、中学校では4技能のうち「読む」ことを中心に置くべきだということです。

確かに、今の英語指導者の中で、「読む」ことを重視する人は減っているかもしれませんし、「英語で会話ができるようになりたい」と思う人も多いでしょう。

だからといって、いきなり話す練習をするのは効率的ではありません。小学校で出てくる程度の会話表現ならどれも簡単なものばかりですが、中学校以降で求められる英語は、あいさつや決まり文句の会話だけではなく、発表や面接（英検の二次試験や高校入試）で使う、文法がしっかりした英会話なのです。

ちなみに「高校入試の面接で英語？」と驚いた方もいるかもしれませんが、今から30年以上前に僕が受けた私立高校の面接試験は英語でしたので、当時から一部の学校では採用されていました。

また、バランスを重視すると「効果が出るのに時間がかかる」という大きな欠点があります。バランスよく、たとえば「1日に単語を5個、発音や単語の色々な意味も覚えつつ、反意語なども確認して、文法を3問解いて、会話表現を1つ覚えて、リスニングを15分やって、教科書の予習・復習をしながら、教科書の英文の音読を3回」といったことは、そもそもかなりの時間がかかります。どれも少しずつやることになるので、効果が出るのに相当の時間がかかるわけです。

極端な話ですが、その時間をすべて「単語と文法」に向けて、「1日に英単語20個、文法をできるだけたくさん」といった具合に絞ったほうが効果が出やすく、少なくとも「単語と文法はできる」と言えるようになります。学力の伸びを実感することができれば、自信が生まれます。

さらには「効果が出る勉強のコツ」がなんとなくでも体得できるのです。こうして得た「結果・自信・勉強のコツ」は、目先のテストの点数よりはるかに大事なもので、「自分はやればできる」「何をすれば成績が上がるのかがわかる」という、勉強面における自立した中学生に育ちます（逆に言えば、成績は優秀でも勉強面において「自立していない」中高生がたくさんいるのです。この自立心は大学受験、ひいては大学以降に大きく影響してきます）。

話が先に行きすぎましたので、中学生の英語の勉強に戻りましょう。英語の勉強自体は「読む」を中心にして、その「読む」行為に必要な2つ（多くても3つ）の作業に絞るといいでしょう。そこでカバーできないところは定期テスト前に一気に詰め込むというのが現実的であり、効率的だと思います。

具体例としてモデルを示すと、学校の授業にペースを合わせるなら、普段は「教科書の単語と文法」に絞り（その文法単元に合わせて参考書を読む必要があります。教科書の文法の説明だけでは理解できるようになっていません）、教科書の英文自体やリスニングは学校の授業を聞けばOKと考えてください。そこで消化しきれないことは、定期試験直前の1週間で詰め込めばいいでしょう。

学校の授業より先に進む場合、普段の勉強は「参考書や塾のテキストなどの単語・文法」に絞ることになるでしょう。普段できない教科書の内容（教科書に出てくる表現やリスニングなど）は、学校の授業内で完璧にするように心がけます。それによって、定期試験直前でも、普段通りに英語の勉強を進めていけます。もしくは試験直前期は英語の勉強は教科書の確認だけにして、浮いた時間を理科や社会などの試験対策に割く方法も良いでしょう（僕はこのタイプでした）。

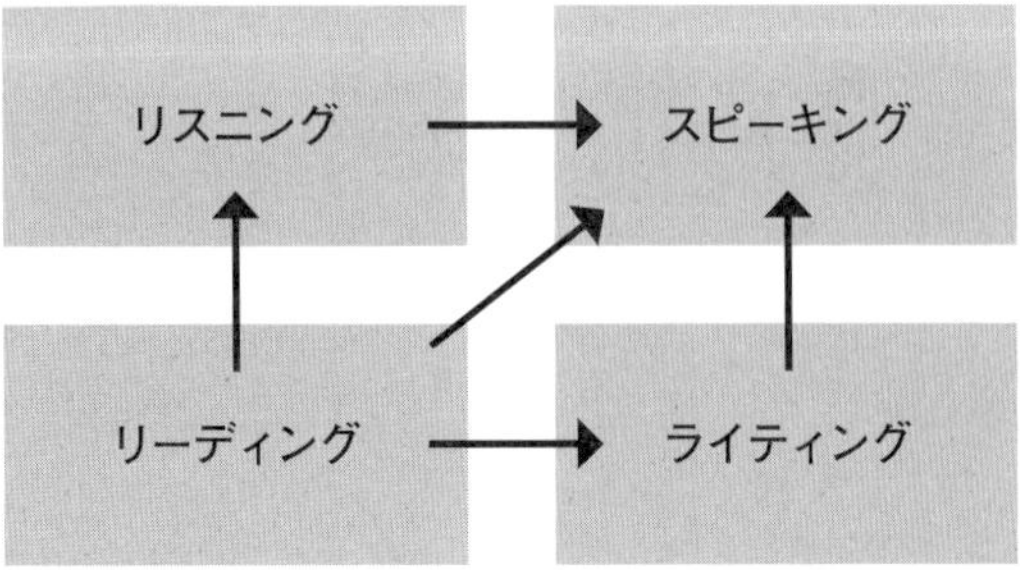

「読む力」がすべての土台になる

英語の勉強で一番の土台になるのは「読む」ことだと僕は考えています。

読んでもわからないものは、聞いてもわかりません。
読んでもわからないものを、書くことなどできません。
読んでもわからないものを、話すことなどできません。
聞くことができなければ、話すこともできません。
書くことができなければ、話すこともできません。

すべての土台が「読む」ことなのです。「読める」ようになって、次に「聞ける」「書ける」ようになり、その先に「話せる」ようになるのです。

ちなみに「読む」ために単語と文法が必要となるわけですが、中学の段階で英文法をしっかりやっておくと、その後、会話でも何でも英語の表現の理解・吸収力が段違いに良くなります。

赤ちゃんのように学ぶ必要はない

ここでよくある反論が出るかもしれません。「赤ちゃんのときは『聞く』から始めた」「日本語を習得するのに文法なんてやってない」といった反論です。

こういった意見は数十年前からありますが、この意見では決定的に見落とされていることがあるのです。「母語(日本語)と外国語(英語)の習得は別モノ」だということです。そもそも赤ちゃんから数年間は「読む」ことができないのですから、母語に関しては、音から入るしかないのです。

しかし中学生にもなれば「読む」という大きな武器があるのです。「考える」こともできます。それに、すでにアルファベットや簡単な単語は文字として理解することもできるのです。今は日本の英語教育もだいぶ音声学習を取り入れていると言われますが、「文字」という武器を利用したほうが効率が良いはずです。この大きな武器をわざわざ捨てて、あえて赤ちゃんのように勉強する必要などないでしょう。

音読は「内容が頭に浮かぶ」ことがゴール

まずは「読める」ようになることが大切です。教科書や問題集の英文はもちろん、ラジオ講座などリスニング教材でも復習のときはじっくりと英文を読み込みます。意味や発音のわからない単語や表現をしっかりチェックして、知らない表現がないようにしてください。

英文を理解できたら、仕上げとして「音読」を行うことが大切です。英文を何度も音読してください。英語を見た瞬間に内容が頭に浮かぶまで、しっかりと読み込んでください。

また、英語の音読自体はよく勧められると思うのですが、「ゴール」を意識することはあまりないと思います。多くの場合、「元気よく声に出せたか」とか「何回読めたか」といったことがゴールになってしまいがちなのですが、一番重視すべきことは「内容を理解できたか」ということです。

音読の最大のメリットは「英語を英語のままで理解できるようになる」ことなのです。これによって「英語の処理能力が上がる」ので、英文を読むスピードが上がり、リスニングや英会話で話しかけられたときに、一瞬で反応できる「英語の瞬発力」が身につきます。

さらに、きちんとした音読をする作業の中で、「英文を適切に区切る箇所」や「英語のリズム」が身につくようになり、英文を「読むとき・聞くとき・話すとき」の「自然な息継ぎ箇所」などが体得できるようになります。これはリスニングでもスピーキングでも非常に重要です。そして英検などの面接試験で出題される「英文を声に出して読む問題」で、高得点を取れるようになるのです（声に出す問題は「発音」がポイントだと思われていますが、「適切なところで区切ることができるか」という点も非常に大事なポイントです）。

こうした「英語を声に出す」という学習法自体は、今までも聞いたことがあるでしょうが、「その重要性や効能」、そして「別のスキルにも影響を与える」という点についてはほとんど語られないので、ぜひ「読み込む」→「音読を繰り返す」という作業を、これからの勉強の土台に据えてほしいと思います。

もし余裕があり、他に自分の望むスキルがあるのなら、音読をしっかりした後にやってください。「もっと英語を聞けるようになること」が希望ならリスニングの練習をたくさんするし、「もっと英語を話せるようになること」ならスピーキングの練習を、「英語で文章を書けるようになること」ならライティングの練習を追加していくのが一番効率が良いと思います。

英検をペースメーカーにする

学校の教科書や公立高校の入試問題に目標を合わせると、高校に入ってからツケが回ってくるとお話ししました。確かに2021年のカリキュラム改定で、中学英語の内容は増えていますが、それは小学校で英語をやっていることを考慮して、高校英語の一部を中学に「下ろした」形です。

しかしそれでも、まだまだ不十分です。ですから、中学英語だけは「先取り」をしておいたほうがいいのです(他の科目は専門ではないのでわかりませんが、あえて言うなら、無理に高校範囲を先取りしなくてもいいと思っています)。

まず「目標」は中学卒業までに英検準2級取得がいいと思います。少し無茶して2級を目標にしてもいいでしょう。準1級までは不要です。その時間があれば他の科目にまわすか、もっと言えば勉強以外のことに時間を割いたほうがいいと思います。貴重な思春期ですから。

英検は学校英語・受験英語とつながる部分が多く、普段の勉強の延長線上にあり、かつ英検の対策がそのまま入試対策にもなります。つまり英語の勉強がブレないわけです。

どうしても大人の視点から、アメリカの起業家や経済関係の立派なプレゼンテーションの動画素材の視聴を勧めたくなるかもしれませんが、そういったものはやめたほうがいいと思います。というのも、そうした真面目な素材はどこかしらで勧められたり、教科書に出てきたりすることが多いので、中学生からしたら「またか」と思うだけだからです。

また、そういった動画の場合、「入試には出ない」ような表現・単語が出てくるので、たまに見る分にはいいのですが、それを中心に勉強していると、入試対策という意味では効率が悪くなるのです（もちろん興味を持って自ら観ている場合は、ぜひ続けさせてください。それは素晴らしいことです）。

「英検対策本」は使わない

英検をペースメーカーにした中学生がメインに使うべき教材は「英検対策本」ではありません。もちろん「自分が受ける級でどんな問題が出ているか」を知るために買うことはあるでしょう（一応、英検のホームページに過去問と解答が載っています。特に解説はいらないのであればそれで事足ります）。

しかしながら、英検の対策本はどうしても試験対策がメインとなるので、解答と単語の意味や和訳だけに終始してしまいがちです。「なぜそうなるのか？」などは書かれておらず、また、そもそもその表現や文法を基礎から教えるものではないのです。ちなみに僕が書いた英検対策本・過去問解説本は英語の実力をつけることまで意識していますが、世間ではそういった発想は浸透していません。

そこで、普段の勉強で英検の対策本を使うのは避けないといけません。自力で勉強を進めていくうえで、新しい文法事項をきちんと説明してくれる本が必要です。書店にあるものであればどれも同じ方針で書かれているので、好きなものを探してみてください。

高校英語の場合は学習参考書（学参）が豊富で、またあまりにも古い英文を扱ったものが売れていたりして、色々と言いたいことはあるのですが、中学英語ではそこまで大きな違いを感じません。直感と好みで選んでいいでしょう。

また、1つコツをお話しすると、「中学学参」コーナーに行った後、別の売り場である「語学書」コーナーにも行ってみてください。そこには大人向けの「中学英文法」の本がたくさん並んでいます。学参コーナーの本とはまるで違う、ポップなテイストの本がたくさんあるので、そちらのほうが合う子もいるはずです。「学校英語とは合わないのでは？」と心配する必要はありません。特に変わらないはずです（もちろん一部、まったく学校で出ない例文を使った本もありますが、そういった本はタイトルでわかります。大人が気楽に読むのであれば面白いのですが、試験に出ない単語ばかりが使われている本は中学生には負担になります)。

そして、3級に合格した時点で、教材を高校生用のものに変えてください。今度は「高校学参」コーナーで教材を探すことになるわけです。高校英語については次の章でお話ししていきます。

第5章　一生モノの英語力を身につけるために

高校から英語好きになることもある

早期英語教育は「丸暗記の強要が早期になった」という側面もあり、それにより英語嫌いも早期に出ているというのが僕の考えです。そうならないために小学校のうちからできること、やるべきではないことなどをお伝えするのが本書の大きな目的でした。

「もうすでに英語嫌いなんですが、それはどうにもならないですよね……」と嘆く方も多いのですが、決してそんなことはありません。高校からの大逆転もあります。小学校の英語は「とにかく楽しくやる・無理をさせない・会話重視」といった風潮があり、それは中学校でも少し残りますが、これが一変するのが高校英語だからです。

もちろん「教科書の真面目さ」は中学の頃と変わらなかったり、学校の担当の先生によっては会話偏重の場合もあるかもしれませんが、大学受験を考えた場合、読解中心の勉強にシフトせざるをえません。読解の比重が増すので、それまでの会話中心の英語が嫌いだった子は救われると思います。

書店の高校学参コーナーに行けば、その豊富さ・バラエティーに驚くでしょう。淡泊なカバーのものから、マンガ形式のものまで、中身も暗記主義のものから、脱丸暗記で色々と解説するものまで、実に様々なタイプのものがあるのです。

僕は脱丸暗記主義で解説をするので、それまでの丸暗記英語に嫌気がさしていたり、疑問を抱きながら嫌々勉強をしてきた生徒からは「初めて英語が面白いと思った」という感想をもらえます。高3の時点で「初めて」と言うわけですから、高校から英語を好きになるケースがよくあることを僕はおそらく日本で一番実感している自負があります(映像授業のおかげです)。

そして何よりも、高校生を教える以上、「今まで嫌いだった英語を好きにさせる」のが仕事であり、少しでも苦手解消ができなければ、給料をもらう資格はないと思っています。

受験に「全振り」してOK

この本を手にしているみなさんは、数年先にお子さんが高校生になるという方が多いと思います。ですから、今の段階であまり細かく参考書を紹介するのは割愛させてください。

一応、そのことに特化した本があるので、そちらをご覧いただければと思います(『改訂第2版 大学入試 世界一わかりやすい英語の勉強法』[KADOKAWA]という本です。社会人版もありますが、高校生にはこの「大学入試」と入っているほうです)。

まずお伝えしておくと、英検3級に合格した時点で高校教材に切り替えることになりますが、最初に手にしてほしいのは「単語帳」と「文法書」です。この2つだけで十分です、というより、この2つだけでもやるのが大変なので、他のことはできません（無理に計画に組み込むと失敗します）。

どちらも学校で配られることが多いので、すでに高校で入手しているならそれを使えばいいでしょう。学校指定の教材が「合う」ことは滅多にありませんが、やってみないことには好みもわかりませんから、しばらくはそれを使っていいでしょう。

その中で「どうにもやる気にならない」「紙面デザインがなんかムリ」という場合、書店で好きなものを探すのもアリです。僕はこれを無駄とか贅沢だとは思いません。本の値段はたかが知れていますので、時間とやる気を買うと思えば安いものでしょう。また、一度やる気を失ったときに新しいもので気持ちをリセットする効果も期待できます。

教材の話はこれくらいにして、ここで一番お伝えしたいことは「今の勉強（小中の英語）からどう高校英語に接続して、どう大学受験につなげ、そしてその後にどう学んでいくのか？」という、大きな流れです。

たとえばよくある心配で「大学受験は大事だけど、本当に受験一辺倒でいいの？　受験英語って実際の英語とは違うって言うし……」というものです。

結論から言えば、この種の心配は一切不要です。大学受験に「全振り」、つまり持てる時間と力をすべて注いでかまいません。読解の勉強メインで、そこにメドが立ったら英作文やリスニングをやる、という流れが理想です。中学英語のところで話した「リーディングがすべての基本になる。読めないものは書けないし、聞けない」というのは高校英語にも当てはまります。

ちなみに、（大学受験に関係ない）会話の練習などはもちろんしたほうが理想ではありますが、高校生のうちはまったくしなくても問題ありません。ここでしっかり土台をつくれば、大学に入ってからの練習でスピーキングはできるようになります。

受験英語批判はズレている

「受験英語に全振り」と聞くと、「受験英語って古いんでしょ？」と心配される方も多いでしょうから、ここで3点お伝えしたいと思います。

✓ 受験英語を批判する人は最近の問題を知らない

受験英語批判は数十年前からあることですが、批判をする政治家や実業家は当然忙しくて入試問題に目を通したり、ましてきちんと読み解いたりしないでしょう。目を通したところでせいぜい「共通テスト」だけです（共通テストについては後ほど詳しく話します）。また、英会話産業などは受験英語を否定するところから商売が始まる側面もあります。

いずれにせよ、実際の問題を「たくさん」かつ「具体的に」取り上げて論じることは、僕の知る限りないのです。

✓最近の入試問題は実践的

「何十年も前の古典的名著が出る」というのは20世紀の話で、今は早稲田・慶応を始め多くの大学で、英字新聞・英語雑誌・ネット記事から、最新の英文（入試の1年前の英文）が頻繁に出るのです。東大は出典を公表しませんが、リスニングで「ＡＩが囲碁のチャンピオンと対戦した」という内容の問題を何年も前に出しています。

長文読解の内容ですが、「新型コロナウイルス」「同性婚」「リモートワーク」などがバンバン出ています。これは長文読解以外の英作文などでも同じです（というより英作文は問題をつくるのが簡単なので、超最新テーマのものでも簡単に出題できるのです）。

受験英語は役立たないどころか、受験対策をきちんとすることで、最新の英文を読めるようになるのが現実なのです。

✓受験英語はそんなに高いレベルじゃない

大学受験英語に必要とされる語彙・文法・読解力・英作文の力を身につけるのは一筋縄ではいかず、かなりの努力が必要です。そこで培った力、特に読解力は大学へ行ってから論文を読むときにも役立ちますし、英検1級に挑戦するにしても、長文読解問題には対応可能です。

しかし、逆に言えば、そこまでしか通用しません。さらに共通テストのリスニングは所詮高校生レベルで、その力で英語ニュースや映画を観ても1割もわからないでしょう。これについて以下で詳しく語っていきたいと思います。

「受験英語では足りない」の真意

「受験英語はそんなに高いレベルじゃない」というのは、決して世間の「受験英語は使えない」という論調と同じものではありません。僕が言いたいのは、受験勉強でやっていること自体は間違いではないが、単に「レベルが低い」ということです。ここでのレベルは「英語ニュースから情報を得る・映画を観る・ビジネスをする」などの、ある意味、一般的な日本人が目指す最終レベルを考慮した場合の話です。

その視点で受験英語を見たとき、決して「やっていることが無駄」ということはありません。そうではなくて単純に「まだまだ足りない」というだけです。

この「足りない」という事実は、世間ではあまり強調されません。予備校講師は受験英語が生業ですから、講師の中には「アメリカ大統領のスピーチだって、単語は難しいから覚える必要があるが、それ以外は受験英語で対応できる」と主張する人も少なくないのですが、その発想にはいくつもの視点が抜けています。

おそらくスピーチの英文を「読んでいる」のだと思います。リスニングの視点が抜けているのです。仮にそうでないとしても、アメリカ大統領のスピーチはかなりゆっくり発音されるので、リスニングの難度は下がるのです。また、文法もしっかりしていて話し言葉は出てきません。加えて、「単語は難しいから覚える必要がある」という言葉も、それほど単純なものではありません。

単語がわからないのは致命傷になると思います。とかく我々講師業に身を置く者は「単語は覚えればいい」と考え、時間が解決してくれるような物言いをしてしまうのですが、単語を覚えることは大変です。それに受験のときは単語帳を覚えればいいのですが、大学受験を終えた後は、どの単語帳をやればアメリカ大統領のスピーチが理解できるようになるのか、といったことまで指示しないのは無責任だなあと感じます（ちなみに僕の意見では「英検1級」の単語が一番身近な対策となります）。

受験英語では現実の英語に届かないことがたくさんあるのです。僕は予備校で長く教えていましたし、今この瞬間も僕の動画授業を見ている高校生は何万人もいるはずです。何より僕自身、受験英語対策の授業が大好きなので、受験英語の欠点を挙げるのは心苦しいのですが、現実は現実としてお伝えしたいと思います。

受験英語に対して少しマイナスのトーンになりましたが、あくまで高校生のうちはそこに全力を割く価値があることを忘れないでください。ただし「それだけでは足りない」という事実を頭の片隅に置いて、大学入学後に考えればいいだけです。

東大生が勧める問題集は古すぎる

受験に取り組むときの注意点として、「入試問題」自体は最新の英文が中心なので非常に良い素材なのですが、「使う道具」が古臭いということがよくあります。これは「たまにそういう道具を使っている人もいるから気をつけてください」という話ではなく、過半数の高校生は古臭い勉強を知らず知らずのうちに強制されています。さらには、東大・京大志望者にその割合が高いのです。

ハッキリ言ってしまうと、多くの高校生が20～30年前の受験生と同じ問題集を使っているのです。「東大合格に使った参考書」というテーマで本・雑誌や動画サイトを見ると、東大・京大生が勧めるものがことごとく古いのです。僕が高校のとき使っていたものもあります。もちろん古いから悪いとは限りません。また、古いものでもしっかりやり込めば合格することができます。

あえて自分の親が使ったのと同じ参考書で勉強する必要はないのに、なぜそういった人が多いのか、理由は単純です。「人だかりの周りに人が集まる」からです。その昔、とある東大生が「これで受かった」と言って、それを見た高校生がその本を買う。そして自分が受かったときに同じ本を勧めるという連鎖です。

勧められた本がどんなに古いものであっても、東大に受かるような子たちはしっかりと勉強します。紙面デザインが古いので普通の高校生なら嫌がるものですが、「言われたことを素直に、そして徹底的にやる」というのは東大合格者に共通している特徴です。

ちなみにこれが他の大学の志望者（たとえば早稲田・慶応）になると、「こんな古いもん、やってられるか。まあ東大志望ならやるんだろうけど」と考える人が増えてきます（それでも半分もいません。6～7割の生徒は古いものにしがみつきます）。

でもあえて古い道具を使う必要はないのです。スポーツで言えば、30年前のスパイクを履《は》いて、うさぎ跳びをして、水を飲まない根性論で練習しても、足の速い人は速いし、うまい人はうまいでしょう。

同じように、受験でも何を使ってもどうやっても受かる人は受かるのです。ただ、「そんなことしなければ受かった」という人もたくさんいるはずです。また、受かった人だって、「そんなことしなければもっと時間を短縮できた（勉強以外の高校生活に時間を使えた）」ということだってあるはずです。

先ほどお伝えした通り、「今の入試問題は新しい話題が出る」のですから、ハッキリ言って古いものを使うのは効率が悪すぎます。もちろんスマホの機能のように数年でまるで中身が変わるなんてことはありませんので、「何がなんでも最新のもの」にこだわる必要はありません。あまりに古いものは避けたほうが効率よく勉強できますよ、ということです。

高校生には電子辞書がベスト

高校になったら持っておきたい道具の1つが電子辞書です。「紙の辞書が好き」なお子さんはそのままでいいと思いますが、大半の場合、電子辞書が圧倒的に便利です。タブレットなどの辞書アプリにも同等の機能がありますが、やはりタブレットは他のこと（ゲームなど）の誘惑が強すぎるので、新たな出費になりますが電子辞書の購入をお勧めします。

紙の辞書と比べての電子辞書のメリットとしては、「調べるときのスピードが格段に違う」「発音が聞ける」「持ち運びが便利」「ジャンプ機能が付いている」などがあります。

「ジャンプ機能」は例文の中に知らない単語があるときに一瞬でその単語に飛べる機能です。英英辞典が搭載されていれば、英和で引いた単語を英英で確認することも一瞬ででき ます。いきなり英英辞典を使うのは大変ですから、「ジャンプ機能」で気軽に英英辞典に触れてみることをお勧めします（基本的に高校生に英英辞典は必要ないので、興味のある子には使わせるというスタンスがベストです。僕自身、英英辞典の良さがわかったのは大学に入ってからでした）。

ノートは汚くていい

受験勉強の「道具」はともかく、「やり方」自体は古くても問題ありません。「しっかり読む・何度も復習する」などの方法は数十年前と変わらず大事なことです。

古くてダメだと僕が感じるのは「ノートを綺麗に書く」ことですが、この古臭い「ノート信仰」は最近なくなってきました。とても良いことだと思います。2020年からオンライン授業が一気に世に浸透したためにノートのとり方が変わったからだと思います。それまでは「黒板に書かれたものは一字一句綺麗に書くものだ」というのが当たり前で、指導者側も「ノートの綺麗さと学力は比例する」と考えている人が少なくありませんでした。

でも、実際にはそんなことはありません。少なくとも高校生にもなると、ノートと学力は関係ありません。確かにノートをとらない・ノートの汚い子は学力が低いという「傾向」はありますが、すごく綺麗でも学力は平均程度という子もたくさんいます（綺麗に写しているだけで、それは学力ではありません）。

また、成績優秀でもノートが汚い子はものすごくたくさんいます。そういった子は自分のノートを見せたがらないので、世間の目に触れないだけですが、ノートは殴り書きで東大に入る生徒は少なくありません。というより、本当に優秀（東大合格が当たり前という学力）な生徒で、きっちりノートを書く子のほうが少ないです。自分の知っていることまで書き写すのは時間の無駄だとわかっているからです。

余談ですが、かつて「何でも書く」という子もいて、この子は僕の授業中の雑談まですべて書いていました。「それが自分のやり方なんで」と言っていたその子は開成高校から余裕で東大に入りましたが、まあ、天才には色々なタイプがいるものですね。

ちなみにオンライン授業の浸透で、なぜノートをとる作業が減ったのかというと、オンラインならノートをとらずに聞いていても学校の先生に睨《にら》まれることもなく、説明を聞くことに集中できるからです（もちろんサボっているだけのこともありますが）。また、スクリーンショットができてしまうので、いちいち黒板を写すという作業が見直されたのだと思います。

僕は予備校で20年以上前から「ノートなんてとらなくていい。しっかり頭に刻み込むのを最優先」と言い続けてきました。さらには「黒板のメモは写メ（撮影）すればＯＫ」という方針でした。最初は「え、そんなことしていいの？」と驚いた顔をされますが、クラスに1人くらい元気な生徒がいるもので、その子が「やった！」と言って前に出てきて写真を撮り出すと、一気にクラス全員がやり出すものです。当時はガラケーでカメラの質も良くなかったので、中にはデジカメ持参の女の子までいました。

受験勉強の中で英検を軸にする

中学では英検準2級取得を目標にすると前章に書きました。高校では大学受験の英語に「全振り」するわけですが、それだと3年もの長丁場で目標がハッキリ見えてこないと思うので、あくまで受験を目標にしつつも、高1・高2の間は英検を目安に勉強するのもいいでしょう。

高校入学後はできるだけ早く2級、そして準1級を目指すと、勉強にブレが起きません。高1で2級、高2の終わりまでに準1級が取れればかなり順調です。難関大学は準1級レベルがあれば十分に戦えるので、実際には高3で取ってもよいのですが、せっかく英語に力を入れるなら高2の終わりを目標にしましょう。

とは言え中学のときと同様、高校は何かしらで忙しくなるので、順調に進まなくても焦る必要はありません。本書の目標は、ただ早く進めるような考えではなく、小中高とそれぞれの時間をしっかりエンジョイすることをきちんと考慮していますので、しばらくの間サボってしまっても焦る必要はありません。

普段の勉強で使う教材は中学のときと同様、「英検の対策本をメインにしない」ようにしてください。理由も同じで、英検の本は問題の解説だけに終始しているからです。単語帳と文法書をやって試験のメドが立った後に、英検の対策本や過去問をやればOKです。2級まではその方法でまったく問題はないでしょう。

もしここまでで伸び悩むことがあれば、割と基本的なことが原因になっていると思います。よくあるのが、「ただ英文をノートに写す学校の課題に追われている」「単語ばかりやっている（文法をやらない）」「リスニングや英作文などまでやって、英語の勉強が散漫になっている」「親からのプレッシャーで英語が嫌いになっている」などです。僕の予想では「伸びない」と悩む高校生の90％以上がこの4つの理由のどれか、もしくは複数に該当すると思っています。それくらい単純な理由なのです。間違っても、焦りから違う教材を場当たり的にやってみたり、「やっぱり会話の練習も必要なのかも」と思ったり、ということがないようにしてほしいと思います。

英検以外の資格試験について

小中高生にとっては英検がベストですが、高校生にもなると別の選択肢も気になるかもしれません。しかし「その資格試験が絶対に必須」ということでない限り、まずは英検準1級だけを目指してください。一応、他の試験についても触れておきます。

✓TOEICテスト

英語の資格試験で今一番メジャーなのがTOEICテストですが、これは「日常生活・ビジネス英語」が中心なので、高校生には向きません。大学に入ってから受けるのが良いでしょうし、就職活動で必要になる場合も多いので、そちらでお話しします（224ページ）。

✓TEAP

2014年に始まった試験なのでご存じない方も多いでしょうが、上智大と日本英語検定協会が共同開発した試験です。英検と大学受験が混ざったような印象です。入試に採用する大学は増えているものの、英検との区別がハッキリしない印象で、「これなら英検でいいかな」と思います（僕はTEAP対策本も書いているので個人的には広まってほしいのが本音ですが）。ただ、逆に言えば「英語が好き・資格試験のチャンスを1回でも多くほしい」という場合、英検の延長で受けてみるのは良いことです。

✓TOEFL・IELTS

留学に必要とされる試験で、主にアメリカ・カナダの大学ならTOEFL、イギリス・オーストラリアならIELTSです（実際はどちらの試験でもOKという大学も増えています）。留学、つまり海外の大学で学ぶことを前提とする試験ですから、内容は受験に近いです。ただ、TOEFLは約4時間、IELTSは約3時間の試験で、時間も受験料も負担が大きいですし、無理に受ける必要はないと思います。将来、留学で必要になったときに対策すれば十分です。

準1級を取った後は？

高2の終わりや高3になってから準1級を取得した場合、もう時間に余裕はないでしょうから、後は受験勉強、特に志望校の過去問演習が中心となります。その中で強化したい分野を問題集で補強していってください。長文読解を補強したいなら長文読解の問題集、英作文なら英作文の問題集を数冊こなすわけです。

「高3になったら忙しいし英検は受けない」という考えもありですが、受験勉強と内容が重複しますし、準1級を取ることで「英語は合格レベルに達しましたよ」という目安になります。どんな模試の判定よりも当てになるので、高3の6月までなら受けてほしいなと思います（さすがに受験直前の1月に受ける必要はないでしょう）。

高2の秋までに取得した場合、その次の一手も打ちたいところです。確かに「高2までに準1級」というのは素晴らしいことですが、準1級自体ではまだ将来の目標には届かないので、今のうちに英語力を強化しておきたいからです。準1級は難関大の入試レベルと言いましたが、「難関大で圧倒的に点数を稼ぐ」レベルではありませんから、さらにその上を目指しましょう。

昔も今も「英語ができる」というのは大学入試において圧倒的な強みになります。極端な例ですが、慶応大の環境情報学部・総合政策学部（いわゆる慶応SFC）は英語と小論文の2科目受験が可能なので、もし英語が圧倒的にできれば小論文はある程度付け焼き刃でも合格できます。こう言うと「じゃあみんな英語だけやっていれば慶応に入れるの？」とか「知り合いのお子さんは英語がすごくできるけど慶応SFCに落ちたよ」といったことを言われてしまうのですが、「英語ができる」というのは「英会話がペラペラ」ということでは決してないことは、ここまでお読みになったみなさんにはおわかりでしょう。それは本書では「英語ができる」という基準にはなりません。しっかりとした英語の文章を読み込める力があって初めて「英語ができる」と言えるのです。
では準1級の後に何をすればいいか、大きくは2択です。

✓受験対策を仕上げる

高3と同じように、志望校の過去問演習を開始します。「今やったら、高3になってやる問題がなくなるのでは？」という心配は不要です。東大なら20年分くらい解くのは普通です。また、早稲田・慶応の場合、過去に遡《さかのぼ》るのではなく、受けない学部のものも解いたほうが、最新の英文にたくさん触れられます。学部はたくさんあるので、やり切れないほどです。その過程で、強化したい分野の問題集をやればいいでしょう。先に英語だけ入試合格レベルに到達してしまうのです。その後はメンテナンス的に、1日に1つくらいの長文を読んでおけば英語力は落ちません。普通の受験生でも1日1長文はキツいのですが、この段階までくれば簡単で、文字通り「朝飯前」にできます。新聞でも読むかのように読めるはずです。

✓英検1級を目指す

もう1つはさらに英語力を高めていくコースです。このときは他の科目が完成するメドが立っているかに注意してください。確かに「大学入試では英語が武器になる」と言いましたが、「英語はできたのに世界史が壊滅状態」という高校生もたまにいます。あまりにできない科目があったり、受験科目が多い国公立大学だったりすると、いくら英語だけできても合格はできません。

そこに気をつけて、なお英語力をつけたいという場合、英検1級を目指すのもいいでしょう。「準1級が難関大合格レベル」で、「1級は難関大に余裕で合格レベル（貯金がつくれる）」なので、そのまま受験対策から離れない英語力が身につきます。

ちなみに、世間では「英検1級の単語問題は難しすぎて普段は使わない」という1級反対派と、「いや、1級の単語は常識だ」という1級擁護派の声があるのですが、そんなことは「立場・目標による」としか言いようがありません。

みなさんはもっと柔軟に考えたほうがいいでしょう。軽い会話しかしない環境であれば「1級の単語なんて私は知らないけど、会話できるからそんな単語はいらない」と考えるでしょう。一方、英字新聞や小説を読んでいれば1級レベルの単語がよく出てきます。

僕の考えは「1級レベルの語彙を知らなくても大丈夫だけど、知っていると武器になる」というものです。ただし効率は悪いです。つまり1級レベルの単語を覚えるにはかなりの時間を要するので、その暇があれば他のことをやったほうが効率が良いのです。

もちろん1級レベルの単語を知らなくても大学受験にはまったく問題ないですし、将来、論文を読むにせよ、ビジネスをするにせよ（多少、語彙の強化はしたいですが）、十分うまくやっていけます。僕の周りで仕事で英語を完全に使いこなしている（英語教育には無関係の）8人に聞きましたが、1人も英検1級を持っておらず、かつ受けようと思ったこともないとのことでした。みなさんの周りにも外資系企業で英語しか使わないというお知り合いがいるかもしれませんが、その人たちが英検1級を持っている可能性は低いのではないかと思います。英字新聞でも1級レベルの単語を知らなくても内容を理解することは十分可能です。

ただ、細かいところまで理解したい場合や、ときにその1級レベルの単語がキーワードになるので、その都度辞書を引くのが嫌だといった理由であれば1級レベルを知っておくべきかな、という程度です。いくらなんでも「1級の単語が常識」というのは言いすぎでしょう。まあ、確かにそれくらい言ったほうが指導者としては格好がつくのかもしれませんが。

1級があまりにしんどいと思う場合は（実際、ものすごく大変です）、ある分野だけ1級レベルを目指すのもいいでしょう。リスニングの力を伸ばしたいならリスニングだけは1級の問題を解けるようにする、志望校に英作文があるならライティング問題だけ対策をするなどで、それは大学受験に直結するだけに効率が良いと言えます。

全国通訳案内士という選択

準1級を取った後の話は以上ですが、ここで僕個人のちょっとしたアイディアを1つ付け加えておきます。もし英語が大好きならハマるかもしれない第3のコースは「全国通訳案内士」を目指すというものです。これは語学の試験で唯一の国家試験で、レベルは英検1級と同じくらいです。ただし、最初にマイナス点を言っておくと、「大学受験とは離れてしまう」ことが挙げられます。

まず英語の筆記試験は受験勉強で対応できるので問題ありません。やっかいなのが面接試験で、これが受験を超えたレベルなのです。日本の風習や各地の特産品などを英語で説明できないといけないので、たとえば、lacquer「漆《うるし》」、basin「盆地」、buckwheat「そば粉」

といった単語を相当数覚える必要があるのです。どれも外国人旅行者に日本を説明するときに欠かせない単語です。

ただ、僕はこういった単語は高校生も知っておくべきだと考えており、自分が書いた『英単語 Stock 4500』（文英堂）には上記の3つを載せています。もちろん高校生が知っておくと便利、入試にも出そう、英作文でも役立つ、外国人との会話で使う、といった観点からそういった単語はかなり厳選しているので、興味があればご覧ください。

そもそも高校生に通訳案内士を勧める英語の先生など日本全国どこを探してもいないと思いますが、英語人生が大きく変わるきっかけになる人も出るはずです。高校生の通訳案内士なんて、めちゃくちゃカッコいいと個人的には思いますし、もし僕が高校生のときにその存在を知っていたら、きっと興味を持ったと思います。ネットや書店で通訳案内士の仕事や試験内容を見せて、お子さんが興味を持てばぜひ勧めてみてください。

ちなみに「受験と離れる」と言いましたが、この試験には英語以外に社会などの試験があり、特に歴史と地理は高校生には相当有利です。学校の勉強の延長線上で合格点が取れてしまうでしょう。

余談ですが、この試験を受ける社会人がある意味一番苦戦するのが、この英語以外の試験なのです。「英語は大好きだからどうにか勉強できるけど、歴史や地理が……」と悩んでいる方がたくさんいます。そういった方の中には、僕が英語を担当している「スタディサプリ」で、社会科の講座を受ける方もたくさんいます。大人になってから予備校に通うのは勇気がいるでしょうが、オンラインなら中学生の講座でも高校生の講座でも好きなように受けられます。

「共通テスト」について世間は煽りすぎ

ここ数年、大学受験の話題でよく出てくるのが「共通テスト」です。簡単に言えば、センター試験が新しくなったものです。世間では色々言われていますが、結論を言ってしまえば、「共通テスト」の英語は気にすることはありません。普通の簡単な試験です。簡単すぎて日本の将来が心配になるほどですが、まあ試験の性質上、仕方ないかなと思います。

「いや、なんか世間では色々言われているので不安で……」という保護者の方も多いでしょう。受験業者はとにかく煽り立てるからです。ちなみに予備校で満席になるのは間違いなく高3向けの講座なのですが、最近は「高1・高2から始める共通テスト対策」といった講座がすごく人気だそうです。人気で売れるから当然そういった講座が増え、目立ち……という循環になっているのでしょう。

ハッキリ言ってしまいますが、共通テストなど、高1から対策するに値しません。「中学生が公立高校入試に合わせて勉強すると、後で大変なことになる」と書きましたが（166ページ）、それと同様に「共通テストに照準を合わせると、私立・国公立の問題に手も足も出なくなる」のです。もちろん中堅以下の大学では共通テストと同レベルの問題を出すのですが、一定以上の大学であれば話にならないほどの差があります。

まだ中学生であれば少なくとも「公立高校に受かる」という結果を得られますが、高校生の場合、共通テストだけできても大学には受かりません（一部、共通テストだけで受かる大学・学部もありますが、大半の難関大はそうではないので、そういったケースを除外します。また、それで大学に合格しても、その程度の英語力では将来、何にもならないので、やはり高校のうちにしっかり英語をやっておきたいところです）。

煽りと批判だけで具体的な対策が語られない

世間では「共通テスト対策が一番大切だ」と煽るものや、英語の講師が「あんな問題は良くない」と言うなど、ただ不安にさせるだけの批判が横行しています。

まず前者は形式に終始するだけのことが多いです。「英文の長さ・設問の数の変化」などに触れて「こんなにたくさんの英文を読まなきゃいけない」と煽るのですが、ここまでこの本が述べてきた通りに勉強を進めていれば（いや、少しくらい遅れても）、実際に高校生になったときに「たいしたことじゃない」と思えるはずです。

次に後者は、ＳＮＳで多くの英語講師が共通テストの感想として述べていますが、「英語力とは関係ない作業を強いる・英語の試験としては適切ではない」といった論調のものが非常に多く見られます。その指摘は確かにその通りという点が多いものの、実際、受験生はテストを受けなければいけないわけですから、それを言われるだけでは何も解決しませんよね。

以下、僕の考えを詳しく語っていきますが、上記のような業者や英語の先生とは真逆のものだらけです。でも僕はプロ講師として顔・本名を公表した上で、年間にのべ１００万人以上の受講者を持つ英語講師としての責任を背負った上での見解ですので、１つの意見としてぜひ参考にしてほしいと思います。

共通テストの4つの特徴

共通テストの特徴を僕なりにまとめると、「①普通の英語の試験、②センター試験同様につまらない試験、③高校入試とTOEICの間にある試験、④学校での理想を求めている試験」という4点になります。それぞれを詳しく説明していきましょう。

☑普通の英語の試験

センター試験から共通テストになったところで、大学で使う英語が変わったわけではありません。まして英語という言語が変わったわけでも世界中で使われている英語が変わったわけでもありません。日本の入試制度が少し変わったところで、正しい勉強をしている人にとっては、勉強法を変える必要などないのです。あくまで普通の試験であり、きちんと英語力を磨いていけば余裕で対応できます。

☑センター試験同様、つまらない試験

偏差値に関係なくすべての受験生が受ける試験というものには、何かしらの不都合が出るのは当然です。その役目を果たしてきたのがセンター試験であり、共通テストになった

ところで、その前提は変わりません。教科書的な内容で、それはつまり単調・退屈・つまらない話のオンパレードです。また、読み甲斐《がい》がないだけでなく、解き甲斐もないし、あちこちの内容を覚えておかないといけない面倒くさい試験である点は、保護者の方がセンター試験を受けた頃からさほど変わっていません。

✓高校入試とTOEICの間にある試験

多くの人が、中学で高校入試→高校で共通テスト→大学でTOEICテストを受けると思うのですが、「共通テストがこのラインにピッタリとハマるように合わせてきた」というのが僕独自の分析です。

つまり、高校入試（ここでは公立の入試問題だけを指します）を高校生用に難しくしたのが共通テストであり、その共通テストで問われる分野が広がり、レベルが上がるとTOEICテストになるイメージです。

大学受験の問題だけしか知らないと文句の1つも言いたくなる講師の気持ちはわかりますが、高校入試とTOEICテストを分析・研究していれば違和感はありません。もちろん、だからといって「良い問題」だと言うつもりはありませんが、僕が言いたいのは「共通テストは特殊ではない」ということです。

☑学校での理想を求めている試験

共通テストの問題は「学校での理想の行動」に沿った英文・問題形式になっています。たとえば「何かを調べるとき」は「英語の本・サイトを読み、調べ、まとめ、発表する」という作業が理想とされています。だから出題者側も「高校3年間でそういうことをしていれば自然に解ける問題だよ」という意図なのでしょう。

実際にそういった活動をやる学校はそんなに多くない気がしますし、何よりもやったところできちんとその課題に取り組む高校生は多くないでしょうから、どうしても受験生から見たら「面倒くさい」問題に見えるわけです（ちなみにこれは高校入試でも頻出のパターンですが、高校入試の場合は英文が簡単すぎて難なく解けてしまうために問題視されません）。

試験の「傾向の変化」について

共通テストに限りませんが、「試験の傾向が変わる」と聞くと、色々と心配になる方も多いと思います。先ほど書いた通り、業者の煽りに振り回される必要はありません。英語自体は変わらないのですから、本書で述べたことをしっかりやっていれば今後5年、10年後、どんな試験になろうが絶対に困ったり、不利になったりすることなどありません。ちなみに、2025年から共通テストが変わることが決定していますが、ここに書いた方針は必ず通用すると確信しています。さらに10年後、「入試大改革」とかで世間が騒いでいたら、僕のツイッターか書籍を検索してそのときの発言を読んでみてください。絶対に今と同じことを言っているはずです。

また、「試験の傾向」について大学受験指導をしてきた講師の立場から1つお伝えしておくと、共通テストに限らず、そもそも試験というものは「形式が変わるのが当たり前」だと考えてください。

もっと言えば、「見かけの形式の変化にとらわれずにきちんと英語を読む・聞くことができるか？」という力を試されるのが入試問題なのです。センター試験の頃から突然傾向が変わることはよくあったのですが、一番騒ぐのが予備校関係者でした。結局はそれに反応して生徒・保護者が心配になっただけで、最初から騒いでいた受験生はいなかったと思います。

また、量の変化もよく話題になり、「センター試験のときより1000語も増えた」と煽り立てられることも多いのですが、センター試験が「そもそも少なかった」とも言えます。

いずれにせよ、共通テストの問題など、東大・早稲田・慶応の入試問題と比べれば「お話にならない」ので、むしろどんどん変わって難しくなっていったほうが、きちんと英語を勉強している人には有利だと言えます。

「共通テストで英文法が軽視される」という風潮

共通テストが世間に与えた影響の1つとして、「文法軽視の風潮をつくってしまった」というものがあります。センター試験には文法問題（4択問題）が出題されていましたが、共通テストではなくなりました。「文法問題が出ない」→「文法の勉強はあまりしなくてもいい」と考える高校生が増えただけでなく、指導者の中にも「まあ、今までよりは文法けやらなくていいだろう」という論調が増えました。

しかし「文法軽視は論外」というのが僕の考えです。文法は英語の根幹を成すものなのです。確かに小中の時点では、暗記のほうが結果が出やすいのですが、高校からはそうはいきません。文法は4択問題が出る出ないにかかわらず、英語を習得するために絶対に必要なものなのです。

ネイティブは「文法を使いこなしている」

よく「ネイティブは英文法なんか考えてない」と言われますが、完全に間違いです。ネイティブは「文法を自然と学んできたことを覚えていない・意識していない」だけです。「文法のことを考えなくてもいいくらい無意識化している」とも言えます。「意識していない」だけで、結果的に「使いこなしている」わけです。

間違っても「文法を知らない・考えていない・使っていない」のではありません。その証拠に、ネイティブたちは文法的に間違った英文に違和感を覚えるのです。もちろんその度合いは人によって様々ですし（学歴・教養に比例することが多い）、その理屈をきちんと説明できないことも多々ありますが、文法的に間違った文に対して「何かおかしい」と言えるのは、英文法が基準としてあることの何よりの証拠でしょう。

これは日本語でも同じです。保護者の方だからこそ納得していただけるでしょうが、お子さんが小さかった頃を思い出してほしいのです。

確かに日本人も、国語文法の授業というものを習って日本語を使えるようになったわけではありません。でも、生まれたときから今までずっと国語（日本語）を学んできているとも言えるのです。たとえば間違った日本語を使ったときに保護者や教師に直されたことは何度もあるはずです。

小学校の国語の教科書を読む課題をこなしたり、国語の授業でちょっとしたことでもバツになったりしながら、大変な思いをして日本語を学んできたはずです。ただ、それがあまりに日常的だったり、何年も前のことだったりするので、強く意識していなかっただけではないでしょうか。「日本語の文法なんて勉強していない」というのは大きな勘違いなのです。

リスニングでは「文法の知識」が問われている

話を共通テストに戻しましょう。文法軽視と言われている共通テストで、実は英文法の知識がないと解けない問題がリスニングで出題されているのです。具体的には、完了形・関係代名詞・比較級・従属接続詞・使役動詞・再帰代名詞など、様々な文法事項が含まれていました。これは、リスニングといっても、「文法は必ず押さえる必要がある」というメッセージだと解釈すべきです。

具体例を出すと、107ページでもお話しした「mayの感覚」が問われます。リスニングで流れる英文で「明日は買い物に出かけようと思うけど、雨が降りそう」といった内容が出たときに、たとえば、The speaker may stay at home tomorrow. のような選択肢が正解になるのです。mayは「50％（半々）」の感覚なので、「～するかもしれない（しないかもしれない）」という意味なのです。

多くの高校生がmayを「～するかもしれない」という日本語訳だけで覚えているわけですから、その場合、「家にいるかも」→「たぶん家にいる」と解釈して、この選択肢をバツにしてしまいがちなのです（実際、ミスする高校生は少なくありません）。mayのきちんとした感覚を持っていないと、英文が聞き取れても、選択肢で間違えるのです。

学校の「共通テスト対策」に振り回されてはいけない

どうしても世間の風潮は「共通テスト対策ばかり」になりがちです。首都圏では進学校を除いた高校、地方ではトップ私立を除いた高校では国公立志向が強く、それゆえ「国公立に受かるには、まずは一次試験である共通テストに全力を尽くす」という価値観が当たり前のものとなっています。ちなみに「進学校」の決まった定義はありませんが、本書では「進学実績が雑誌に載る・東大合格者が複数名いる・地域トップ」くらいのイメージです。

どの大学に行こうが、それは本人と家庭の問題だと思うのですが、「第一志望は国公立しかありえない」と強く勧める学校は少なくありません。僕はいくつもの都道府県の校舎で実際に授業をしましたし、今ではオンライン講座で47都道府県すべてに万単位の受講者がいるので、めちゃくちゃな話をよく聞きます。早稲田志望の生徒を呼び出して、「早稲田一本はダメ。国立型の勉強もしておきなさい」と強制する教師がいるのです（早稲田の文系なら英国社だけでいいものを、受けたくもない国立のために数学と理科をやらされたそうです）。

これが保護者の方の意見ならば、僕も「まあ、大学の学費を出してもらう立場だからなあ」と生徒と共に悩むのですが、学校の先生に強制されるのはもはやパワハラだと思います。ちなみにこうした事例は地方の場合、進学校でもよく起きます。

そういった事情から、国公立受験に重要な共通テストの対策ばかりをする高校が多いのです。そうした学校では共通テスト対策だらけになります。もうみなさんならおわかりでしょうが、それを基準にすると目線が下がり、共通テストの単調かつ簡単な英文が解けるだけの状態（それ以上のレベルに対応できない）になってしまうのです。

もちろん「共通テストで合否が決まる」とか「英語は共通テストだけ」であれば、そこに全力を尽くすのは当然ですが、大半の受験生は共通テストの後に私立・国公立の試験が待っているのです。そちらの対策を十分にすべきなのですが、なぜか「まずは初戦突破」という言葉だけが独り歩きしています。

確かに「地方国公立大(県名がつく国立大のことで、旧帝大やお茶の水・千葉大などの難関国立は除く)」の場合、共通テスト対策の延長線上で長文が読めるほど英語の試験は簡単です。英作文も学校で真面目にやっていればある程度はできるでしょう。

ところが、旧帝大や地方国公立大でも医学部を目指すなら、そんなレベルではいけないのです。また地方国公立大が第一志望であっても、将来、英語を使っていきたいのであれば、ぬるま湯に浸かっていてはいけないと思います。他の科目との兼ね合いもありますが、「英語で徹底的に点数を稼ぐ」という意気込みで、共通テスト以上の勉強をしてほしいと思います。

東大や早慶に合格する受験生は、共通テスト対策の割合は「すべての英語の勉強時間の5%もない」はずです。そんなことをやっているヒマなど絶対にないからです。各大学の試験対策をしっかりやっていれば、共通テストの英語に対応できますが、その逆は絶対にありえません。共通テストの模試を100回分解いたところで、早慶の合格にはまったく届かないのが現実です。

大学以降は自分で英語を学んでいく

通常は、大学1・2年のうちは英語の授業があると思います。ところが授業は週に2回程度で、しかも担当講師が読みたい本を指定して、それを指名された学生が訳していく……ということが多いようです。中にはネイティブ講師を入れたり、プレゼンがあったりする大学も増えていますが、トップの大学では実用的な英語力を高める工夫というか努力がなされないことが多い傾向にあります。ですから、大学の授業で英語力をつけるというのはあまり期待しないほうがいいでしょう。もし期待するのならば、事前にパンフレットをしっかり読み、どんな授業が展開されているのかを確認してください。ただ、それでさえも過剰な期待はせず、「大学以降は自分で英語を学んでいく」という意識を持っておいてください。

大学に行った方ならその実態を知っているでしょう。それでも「自分の大学がそうだっただけかも」とか「英文科だけはちゃんとやってるんだろう」と思いがちですが、そんなことはありません（もちろん僕も大学は1つしか行っていないので詳しいわけではありませんが、僕の事務所でアルバイトするたくさんの大学生の日々の様子、「スタディサプリ」のTOEIC講座を受講する学生の感想から、それなりの現実を捉えていると思います）。

そうなると、後は受験で培った英語力が落ちていくだけですし、実際に「英語力は大学に入学したときがピーク」と自嘲《じちょう》気味に語る学生がものすごくたくさんいます。僕の予想では99％の学生がそうでしょう。

ですから、もし大学の授業が有用なものであれば、それは単なるラッキーと考えつつ、基本的には自分で英語力を高めていかないといけません。

TOEICテスト・英検・英会話・留学・論文の5択

大学生が取り組む英語は主に「TOEICテスト・英検・英会話・留学・論文」の5つで、このうちのどれか（もしくは複数）を選ぶことになります。

論文を読む英語力というのは、専門分野を突き進むにあたって必要なもので、ある意味これは嫌でもやらざるをえないため、自分から計画を立てる必要もないかもしれません。ただひたすら論文を読み込み、わからないところは辞書を引き専門用語を覚えていく、という古典的なスタイルです。論文を読むのに必要な文法力は受験のときのもので十分なので、サボっていない限りは何もする必要はありません。

そうなると、自分から「英語をやるぞ」と考える学生はＴＯＥＩＣ・英検・英会話・留学の勉強が主流となります。まずはどれを高めたいかを考えてください。受験勉強をしっかりやっていれば、どこに進むにせよ十分な基礎ができています。逆に基礎に不安があると思う場合は、受験参考書を使いながら、英検準１級を目指してください。

☑ TOEICテスト

就活も見越して、１年生のうちから取り組んでもいいでしょう。ただし、本書の冒頭で話した通り、トップの企業はハイスコアであっても書類審査で落とすので、あくまで「学生としての本業」を忘れずに。３年計画で最低でも９００点は目指しましょう。世間では８００点でも就活に有利と言われることもありますが、実際はたいしたアピールになりません。ただ、９５０点を超えたら後は同じようなものなので、無理にそれ以上を目指す必要はありません。

✓ 英検1級

「英検が好き」というなら1級を目指してもいいのですが、「どうしようかな」と思っている人はTOEICテストのほうがいいでしょう。本書でずっと英検を勧めてきた理由は「学校の進度にとらわれず、英語学習のペースメーカーになるから」なので、もはや大学生になって好きな英語を学べる以上は、英検にこだわる必要はありません。

また、本やネットで英検1級取得者の感想を見ると、「1次試験は3回、2次試験は8回受けた」なんて人も散見されます。すごい根性ですが、きっと挫折する人も多いと思います。それを考えてもTOEICテストのほうがいいかなと思ってしまいます。ちなみに一概に比較はできませんが、英検1級取得者のTOEICテストのスコアはだいたい930点くらいが平均だという印象です。

✓ 英会話

スピーキングには大きくわけて2種類（双方向・一方通行）あります。スピーキングは最終目標を明確にしておくことが大事です。どんな会話であれ、双方向の要素が入ってはくるのですが、最終的な目標が「プレゼン」や「英検1級の二次試験」のような一方通行型なのか、完全に双方向型なのかをまず定めてください。最終目標がハッキリしていれば、必要なことと不要なこととの区別がつけられ、ダラダラと勉強してしまうことがなくなるからです。

なんとなく「日常会話ができたらいいな」とか「海外旅行で便利だな」と目標を立てる人が多いのですが、もっと具体的に考えるべきです。たとえば日常会話なら「何の話をするのか？」までを考えてください。一例としては「趣味の海外ドラマ」「好きな食べ物」などです。海外旅行なら「カフェの注文」「病院」などのシチュエーションまでハッキリさせると、覚えるべき単語や表現が決まってくるので学習が効率的になります。

☑留学

ＴＯＥＦＬ・ＩＥＬＴＳなどを受ける必要が出るでしょうから、その試験対策をすることになります。どちらも大型書店に行けば何種類か対策本があるので、その中から自分に合うものを数冊選べばＯＫです。その試験対策としてスクールに通うという考えもありますが、個人的な意見としては、これから留学しよう、海外で学ぼうという人間が英語の資格試験のためにスクールに通うようでは少し心もとない気がします。ただライティング・

スピーキングの試験対策なら通ったほうが効率が良いでしょう（オンラインでも十分です）。また学生の特権として、そうした対策講座が大学の授業にあったり、大学の通常のカリキュラムとは別に開講されていたりするので調べてみるといいでしょう（在籍学生なら格安で受講できると思います）。

資格試験のさらに先へ

大学のうちは、右に述べたようなことを目標にするといいでしょう。もちろん途中で目標を変えてもいいですし、無理に1つに絞ることもありません。

その先には、ビジネス・英語ニュース・洋画でのリスニング力の強化などがあります。英語ニュースや洋画の英語を聞き取る力は、TOEICテスト・英検1級の数段上です。試験の英語はあくまで試験用にナレーターが収録したものですが、現実の英語は容赦ないスピードで言い間違いもたくさん含んだ英語です。ですから、TOEICテストならリスニングパートは余裕で満点、英検1級のリスニングも数問ミス程度までできるようになったら、そこからさらにニュースなり映画なりを大量に、かつ集中して聞く必要があります。

それを続けていけば、ビジネスでの聞き取りは問題なくなるでしょう。仕事の場合、相手がきちんと話してくれることが多く、使われる語彙が絞られており、基礎知識・背景知識もあり内容が入ってきやすいので、映画より簡単です。ですから、英語で仕事をするつもりならば、最低でも資格試験でのリスニングはほぼわかるようにしておけばいいでしょう。

何をしていいか迷う場合は、ニュース英語がいいと思います。単なる会話だとスラングや覚える必要のない単語も出てきますが、ニュースであればそんなことはありません。すべてが大事と言えるわけです。また、キャスターがきちんとした英語を話すので、それまでにきちんとした英語をやってきたであろうみなさんの努力が一番報われます。

ニュース英語は毎日ライブで聞くものだと思われがちですが、相当の英語力がないとわからないことだらけなので、ぜひ使ってほしいのが『CNN ENGLISH EXPRESS』（朝日出版社）という雑誌です。これはCNNで放送されたニュースから抜粋していまず。雑誌として編集する分だけ、ニュース自体にタイムラグが生じるのですが、世界中の最新のニュースを常に知らないといけないということはないでしょうから特に問題はありません。何より、英文・単語の意味・和訳が確認できるので、聞き取れないところをわからないままにしておくことがなく、確実に英語力が伸びていきます。

世界中の英語を聞き取ることは諦める

アメリカ英語とイギリス英語の違いとなると、よく挙げられるのが単語の違いです。「『エレベーター』はアメリカ英語ではelevator、イギリス英語ではlift」とか「『センター・中心』のつづりは、アメリカ英語ではcenter、イギリス英語ではcentre」といったことばかりです。もちろんそれはそれでいいのですが、英語学習において、こういった単語とは比べ物にならないほど苦労するのがリスニングです。

資格試験や大学入試でも、アメリカ英語だけでなくイギリス英語が使われることもあるのですが、試験はかなりマイルドです。確かに慣れていないと大変なこともありますが、逆に言えば慣れで解決できる程度です。

ところがニュースや映画になると大きな違いが出てきます。これはネイティブ同士でも「何割かはわからない」という感想が出ることもあります。ですから、最初はあまり気にせず、ただひたすらリスニングをしていけばいいのですが、その中で「イギリス英語が苦手だ」と思ってもさほど気にすることはないでしょう。もちろんイギリスに留学するとか、ロンドンを旅行したいというなら、イギリス英語を中心に勉強した結果、「アメリカ英語は苦手」となるでしょう。

僕個人で言えば、イギリス英語はニュースキャスター・リポーターはまったく問題なく聞き取れますが、街頭インタビューでロンドンの若者が話すときには何を言っているのかさっぱりなことがよくあります（まあ日本の若者だって何を言っているかわからないことがあるので、そんなものだろうと思っていますが）。

そして、言うまでもなく、英語はアメリカ英語・イギリス英語だけではありません。メジャーなところでは、カナダ・オーストラリア・ニュージーランドなどもあります。まずカナダはかなりアメリカ英語に近いのでそちらの勉強をしていれば問題なし、オーストラリア・ニュージーランドは独特な部分もあるので、少し苦労するかもしれません。アジアの場合はシンガポール、インドなど、本当にたくさんの種類がありますから、すべてに対応するのは不可能です。学校では教えないのですが、これは1つの事実として受け止めるべきだと思います。

勉強を続けていく中で、自分の好みや将来の目標に応じて取捨選択をするのが賢明です。1つ軸があると、他のことに対してもある程度は対応できるものです。また、リスニングのことばかり書きましたが、スピーキングはリスニングに比べて、地域差で苦労することがまったくないというのが僕の感想です。

おわりに――本書の「3つのゴール」の回収

「序章」で、本書の英語学習のゴールとして「英語スキルの獲得」「思考力の獲得」「資格・学歴の獲得」という3つを挙げました。本書のいたるところで、このゴールのいずれか、ないし複数を根底にお話ししてきたつもりですが、最後にもう1度ゴールの確認をしてみたいと思います。

✓「英語スキルの獲得」について

日本で暮らし、日本の学校に通う以上、学校英語と受験英語は避けて通れません。その中で最大限効率の良い、「読む」を土台に据えて他の技能を伸ばすという道筋をお伝えしました。実際に行う・やり遂げるのは大変なことですが、無駄なく英語スキルを身につけていけるはずです。

また、大学以降どんな世界に出るにせよ、本書の内容を実践したら英語の基礎は十分にできています。そこからの道も平坦なものではないでしょうが、「日本でやってきた自分の英語の勉強に間違いはなかった。その延長線上に今の目標がある」という確固たる自信を持ち続けて、それぞれの目指す英語を習得していってほしいと思います。

☑「思考力の獲得」について

単なる丸暗記ではなく、それぞれの表現を「理解」していくことで思考力が鍛えられるはずです。また、早い段階で、Good morning. の本来の意味や、Oh my God! が Oh my! になる理由などを知っておけば、どの現象に対しても「なぜ？」「何か理由があるのでは？」と頭を働かせる習慣が身につくでしょう。英語を学びながら、思考力が鍛えられるわけです。

さらに、本書の冒頭で「英語だけができるようにはなってほしくない」ということもお伝えしたので、ここまでお読みになったみなさんはきっと同じように「単に英語だけができる人」をお子さんに求めてはいないはずです。英語だけにとらわれるのではなく、広くものを見ることで英語とうまく付き合っていけると思います。

ちなみに僕の講座や書籍では、常に「なぜこうなるのか？」といった理屈・背景を解説しています。特に英文法の解説書や、難関大学の入試問題を扱った学参では僕の真骨頂とも言える解説をしていますので、機会があればぜひご覧いただきたいと思っております。

✓「資格・学歴の獲得」について

高校英語のところで、英語の勉強を進めながら大学受験でもしっかり結果を出すことをお話ししました。また、TOEICテストや英検についてもかなり前向きにお話をしました。予備校講師の中には「TOEICは所詮、点取りゲーム」といったことを言う人も少なくありませんが、この言葉はうまいことを言っているようで、役に立つことは何も言っていません。

そもそもそういったことを言う先生はご自身が試験を受けていません。受けもせず、もっと言えばスコアを出すことができない人がそういうことを言うのはナンセンスです。TOEICテストはテクニックで攻略できるような単純なものではありません。しっかりとした英語力が求められます。さらに言うと、海外のホテルで見る「改修工事のお知らせ」

や「イベントの案内」とそっくりの英文が、TOEICテストで出ることもあります。

ちなみに以前、とある自治体が「英語教員はTOEIC730点を目指そう」という目標を掲げたことがあります。やはり色々と反対を受けてその後は何も聞かなくなりましたが、これはつまり「730点を取れない英語の先生が一定数存在する」ということでもあります（予備校も似たような事情です。さすがに730点は低すぎますが）。

あくまで「勉強がブレない・目標ができる」という意味で資格試験（特に英検）を勧めてきたわけですが、せっかくの機会なので、ぜひ資格としても結果を残して履歴書に書いてほしいと思います。

＊

みなさんがこの本を読んで、「こんなことを言う英語の講師もいるのか！」と思う場面がいくつかあったかもしれません。ここで書いたことは多くの英語の先生とは違った意見ばかりです。もちろん奇をてらうつもりなど毛頭なく、ただ「英語ができるようになってほしい。でも英語だけできるのもなんかイケてないよなあ」という僕の信念に基づいて、あれやこれや語り尽くし、ついにはここまで来てしまいました。

僕は学者ではありません。綿密で詳細なデータなどありません。ときには学者にも負けないアンケートの数で自信を持って伝えることもありましたが、基本的に僕の頭の中にあること、そして日々何万人にも話し、多くの受講生から「初めて英語が好きになりました」「こんな発想、初めて知りました」と言われたことを本書に込めてきただけです。データにとらわれない僕の声と受講生の声がみなさんの心に届いていればいいのですが。執筆中は「こんな自由奔放に書いていいのかな」と思うことが何度もあったのですが、「でもこれが俺の本音だしなあ」と思い、書き続けました。

こんなに自由に書かせていただく機会を与えてくださったNHK出版のみなさん、特に本書の方針を明確に示してくださった久保田陽子さん、僕が言いたいことを理解して編集してくださった加納展子さん、そしてこの本にたずさわってくださったすべての方に感謝を申し上げると共に、ここまでお読みくださった読者のみなさんに感謝いたします。本当にありがとうございました。

最後にもう1度、本書の根底を貫くことを繰り返しますが、世間の雑音に惑わされず、周りの人と張り合うことなく、とにかく焦らず、ただお子さんのことを第一に考え、その上で「幸せになる」ための英語の道を示してあげてください。お子さんが迷ったとき、くじけたときに本当に頼るのは保護者のみなさまです。そっとサポートを続けながら、お子さんがゆるぎない英語力を身につけ、何より、素敵な人生を送れることを祈っております。

関　正生

※本書は、小社刊行の「NHKラジオ 小学生の基礎英語」（2021年4月号〜2023年3月号）に連載された著者によるコラム「未来のための英語入門」「人生をつくる 10代の英語ロードマップ」に大幅加筆のうえ、再構成したものです。

校閲　円水社
ＤＴＰ　佐藤裕久

関 正生 せき・まさお
1975年、東京都生まれ。オンライン予備校「スタディサプリ」講師。
慶應義塾大学文学部英文学科卒業後、
複数の大学受験予備校を経て現職。
受験英語から資格試験、ビジネス英語、日常会話までを指導し、
英語を学習する全世代に絶大な影響を与えている。
著書に『サバイバル英文法』『サバイバル英文読解』
『サバイバル英会話』(NHK出版新書)、
『真・英文法大全』(KADOKAWA)など多数。

NHK出版新書 694

早期教育に惑わされない!
子どものサバイバル英語勉強術

2023年2月10日　第1刷発行

著者　関 正生 ©2023 Seki Masao

発行者　土井成紀

発行所　NHK出版
〒150-0042 東京都渋谷区宇田川町10-3
電話 (0570) 009-321(問い合わせ) (0570) 000-321(注文)
https://www.nhk-book.co.jp (ホームページ)

ブックデザイン　albireo

印刷　壮光舎印刷・近代美術

製本　二葉製本

Printed in Japan ISBN978-4-14-088694-6 C0282

NHK出版新書好評既刊